心が通じる
手紙の美しい言葉づかい
ひとこと文例集

池田書店

はじめに

短いフレーズに気持ちをこめて

「もっと上手に気持ちを伝えたいのに、よい言葉が出てこない……」

手紙を書こうとペンを手にしたのに、しっくりくるフレーズが見つからず、悩んでしまった経験のある人は多いはずです。

メールやSNSでやりとりをすることが増えた昨今、絵文字などで気持ちを表現することも増え、言葉を練って思いを伝える機会は減っています。それでもあえて「手紙を書こう」と考えるからには、きっと特別な思いがこめられているのでしょう。その気負いが、ペンを迷わせるのかもしれません。

本書では、あなたの気持ちが相手の心に届くような、美しいひとこと文例を集めました。きっと、言葉選びの参考になるでしょう。

まずは、第二章で〈書き出し〉を押さえましょう。

〈書き出し〉とは、手紙の最初に記す「こんにちは」のあいさつです。折々の季節の移ろいに思いをはせ、相手の近況を伺います。

〈書き出し〉は暦や天候に絡めたものが定番ですが、本書ではそれに加えて、花や植物、いきもの、食、風物をテーマにした文例を紹介しています。そのときのあなたの気持ちにぴったりくるものを見つけてください。

また、同じ章で、〈結び〉も紹介しています。〈結び〉とは、手紙の最後に記す「さようなら」のあいさつです。相手の健康を気遣い、心地のよい読後感を残しましょう。

これらの最初と最後のあいさつは、相手への思いやりを伝えるための「手紙の枠組み」です。このふたつがあることで、一方的になりがちな手紙が心の通った温かいものになるのです。

この枠組みに〈主文〉を入れて、自分の気持ちを伝えましょう。

〈主文〉は内容に合わせて、第三章「贈り物の言葉」、第四章「お祝いの言葉」、第五章「お礼の言葉」、第六章「気遣いの言葉」、第七章「お詫びの言葉」から選んでください。さまざまな相手やシーン別に、気持ちが伝わる短い文例を集めています。

〈書き出し〉〈主文〉〈結び〉、それぞれにしっくりとくる文例を選んで組み合わせれば、心の通じる素敵な手紙が書けるでしょう。

「手紙なんて大げさかな」

「急にお手紙なんて、変に思われるかしら」

などと思わず、気軽に書いてみましょう。

「もうすぐお誕生日を迎えられることを思い出しました」

「お好きだとおっしゃっていた小説、書店で見かけて読んでみました」

など、ちょっとしたきっかけでかまいません。その小さなやり取りの積み重ねが人間関係をつなぎ、人生を彩り豊かなものにしてくれます。

本書によって、あなたが手紙を書く楽しさを知り、人との心の交流を楽しんでくださったなら、こんなに嬉しいことはありません。

本書の使い方

第二章で季節に合った「書き出し」「結び」を選び、第三〜七章から自分の気持ちに合った文例を見つけて組み合わせるだけで、心のこもった手紙を書くことができます。

第一章 手紙・はがきの基本

手紙やはがきを出すにあたって、押さえておきたい知識をまとめました。手紙とはがきの使い分けや、基本的な構成などを紹介しています。手紙特有のあいさつである頭語と結語や、前文と末文の組み合わせ方も解説します。

第二章（下記図解）十二か月の書き出しと結び

各月の「書き出し」「結び」の文例を掲載しています。

改まった書き出しのあいさつを紹介し、語句の意味を解説しています。時期は目安なので、相手先の実際の気候に合わせて使いましょう。

一般的なあいさつは季節感を表すテーマごとに、「暦」「天候」「花・植物」「いきもの」「食」「風物」に分けて紹介しています。

その月の中で、使用に適した時期を示しています。相手先の実際の気候に合わせて使いましょう。
上 上旬　中 中旬
下 下旬　● いつでも

季節感を表す語句にはマーカーを引き、キーワードを拾いやすくしています。

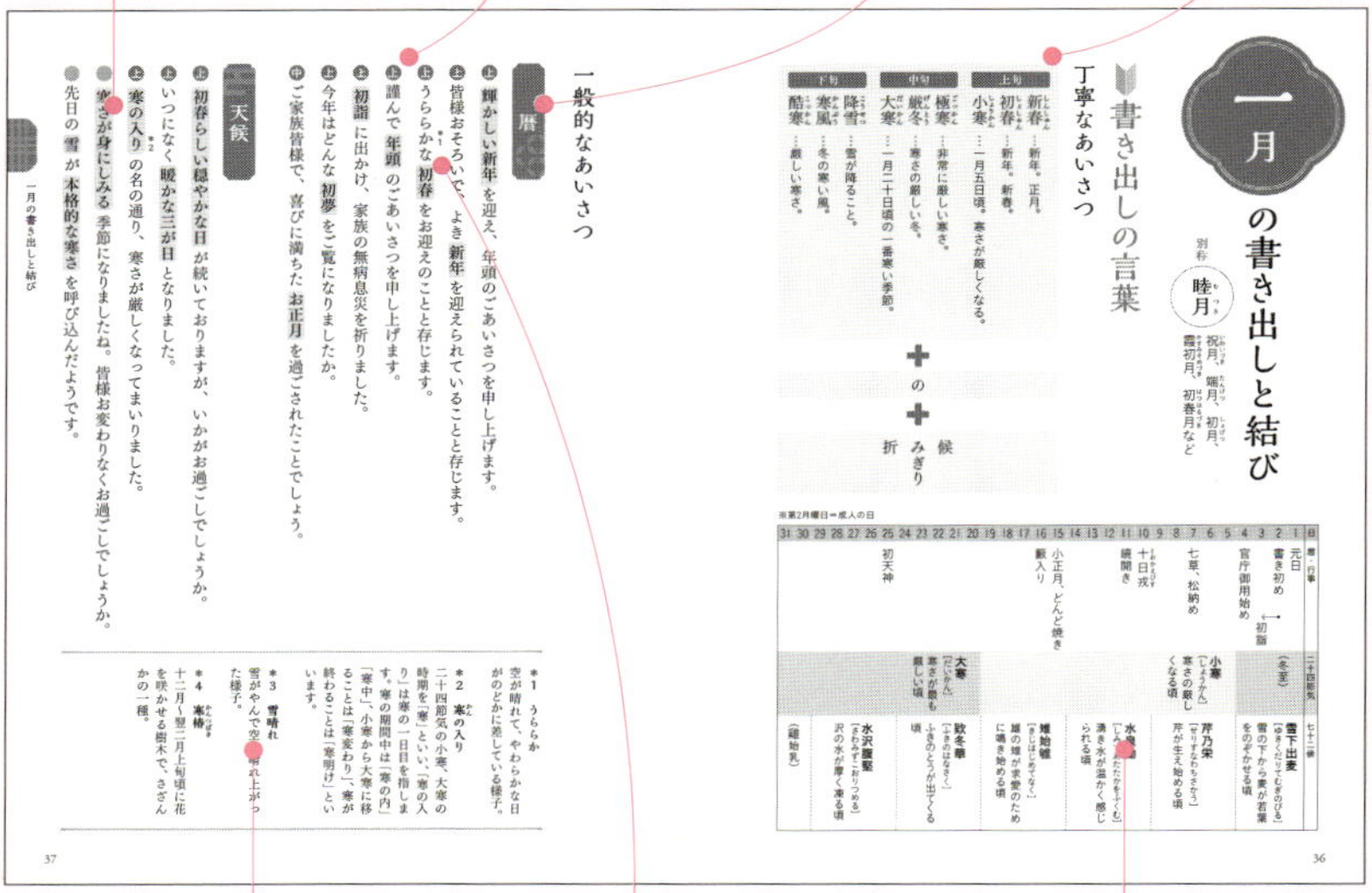

各月の行事と、日本で古くから使われてきた暦「二十四節気」「七十二候」を紹介しています（太陽暦での日付は年により異なります）。

脚注で解説している言葉には「＊」をつけています。

脚注では、季節感を表す語句などについて、補足情報を解説しています。

第三～七章（下記図解）シーン別のひとこと文例

「贈り物」「お祝い」「お礼」「気遣い」「お詫び」のシーンごとに、短くても気持ちの伝わるような、気の利いたひとこと文例を集めました。

美しい言葉遣い

敬語の使い方や敬称などを紹介しています。相手に失礼のないよう、参考にしてください。

気持ちが伝わる基本フレーズ。語尾などは自由にアレンジしてください。

具体的なシチュエーション別に文例を紹介しています。自分の状況に合うものを選んでください。

「手紙で気持ちを伝えたい」と感じるシーンごとに分けています。

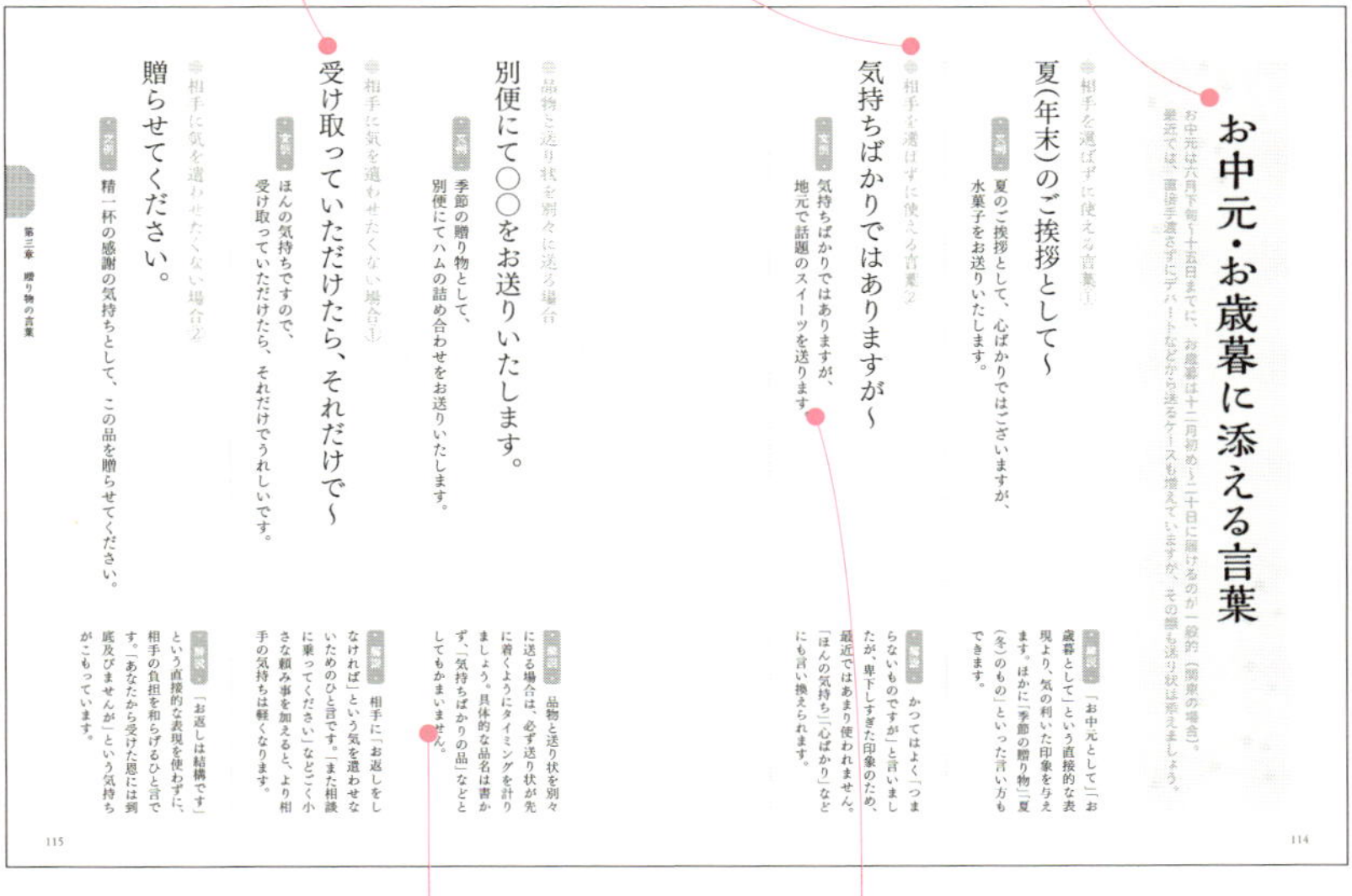
お中元・お歳暮に添える言葉

お中元は六月下旬～十五日までに、お歳暮は十二月初め～二十日に届けるのが一般的（関東の場合）。最近では、直接手渡さずにデパートなどから送るケースも増えていますが、その際も送り状は添えましょう。

相手を選ばずに使える言葉①

夏（年末）のご挨拶として～

文例 夏のご挨拶として、心ばかりではございますが、水菓子をお送りいたします。

「お中元として」「お歳暮として」という直接的な表現より、気の利いた印象を与えます。ほかに「季節の贈り物」「夏（冬）のもの」といった言い方もできます。

相手を選ばずに使える言葉②

気持ちばかりではありますが～

文例 気持ちばかりではありますが、地元で話題のスイーツを送ります。

かつてはよく「つまらないものですが」と言いましたが、卑下しすぎた印象のため、最近ではあまり使われません。「ほんの気持ち」「心ばかり」などにも言い換えられます。

品物と送り状を別々に送る場合

別便にて○○をお送りいたします。

文例 季節の贈り物として、別便にてハムの詰め合わせをお送りいたします。

品物と送り状を別々に送る場合は、必ず送り状が先に着くようにタイミングを計りましょう。具体的な品名は書かず、「気持ちばかりの品」などとしてもかまいません。

相手に気を遣わせたくない場合①

受け取っていただけたら、それだけで～

文例 ほんの気持ちですので、受け取っていただけたら、それだけでうれしいです。

相手に「お返しをしなければ」という気を遣わせないためのひと言です。「また相談に乗ってください」などごく小さな頼み事を加えると、より相手の気持ちは軽くなります。

相手に気を遣わせたくない場合②

贈らせてください。

文例 精一杯の感謝の気持ちとして、この品を贈らせてください。

「お返しは結構です」という直接的な表現を使わずに、相手の負担を和らげるひと言です。「あなたから受けた恩には到底及びませんが」という気持ちがこもっています。

第三章 贈り物の言葉

114

115

言葉の意味やマナー、言い換えのポイントなどを紹介しています。

実際に使用するときの参考になる文例です。基本フレーズをアレンジするときの参考にもなります。

もくじ

第三章
贈り物の言葉

第四章
お祝いの言葉

第五章 お礼の言葉

第六章 気遣いの言葉

第七章 お詫びの言葉

美しい言葉遣い

第一章

手紙・はがきの基本

手紙の基本

内容は簡潔にまとめて

手紙は、相手を思いやって書くことが大切です。

伝えたいことは、相手が理解しやすいように簡潔にまとめましょう。一文が長すぎないか、主語が抜けてわかりにくくないかなどに注意します。文章に自信がない人は声に出して読んでみると、詰まって読みにくいところが浮き出てきてリズムを整えやすいでしょう。

用件は、なるべくひとつに絞りますが、いくつかある場合は、あらかじめ箇条書きにして整理してから書き始めるとわかりやすい手紙になります。書く順番は内容によって、重要度の高いものから書き出したり、時系列にまとめたりするなど、相手が理解しやすいように工夫しましょう。

誤字・脱字のないように

正しい文字遣いができているか、間違った漢字を使用していないか、送り仮名に過不足がないかなどもよく確認します。パソコンで書く場合は、漢字の変換ミスがあっても気づきにくいため、注意が必要です。

手紙を書き終えたら、最後にもう一度読み返してみましょう。もし間違いがあれば、その部分を書き直します。手書きの場合、原則として修正テープや修正液を使うのは避けたいところです。特に、目上の方への手紙では失礼にあたります。内容が謝罪の場合は、せっかくの手紙が逆効果になりかねません。手間に感じても、最初から書き直しましょう。

親しい相手や、すぐに破棄されるような事務的な手紙なら修正テープも問題ありませんが、封筒の宛名の間違いはやはり書き直すのが望ましいでしょう。

手紙はタイミングが命

メールほどやりとりの間隔は短くありませんが、手紙にも出すのに適したタイミングがあります。

年賀状や暑中見舞いなど、出す時期が決まっている季節のおたよりは特に、タイミングを逃さないように注意しましょう。

お礼状や謝罪の手紙はなるべく早く、三日以内に出すことを心がけます。あまり遅く出しても、気持ちが伝わりません。もしやむを得ない事情で遅くなった場合は、その旨を謝りましょう。

便箋や封筒はシーンに合わせて

便箋や封筒はあらかじめ購入しておくと、書きたいときにすぐに手紙を書けるので、タイミングを逃さずにすみます。

便箋は、白無地で縦書きのものや罫線がなく縦書きに使用できるものなら、相手を選ばずすべての用途に使用できます。白無地でも罫線が横書きのものや、絵柄の入ったものは親しい相手に出すときに使いましょう。

封筒も、白無地のものは相手やシーンを選ばず、便箋とセットで用意しておくと便利です。茶封筒は、事務的な用途でのみ使うようにします。

便箋の枚数は急ぎの内容でなければ、二枚以上にわたるように調整します。一枚になったとき、以前は白紙の便箋をもう一枚つけるべきとされていましたが、昨今では環境保護などの観点から重要視しない風潮が高まっています。伝統を重んじる相手や正式な手紙でのみ、意識するとよいでしょう。

切手や筆記具にも気遣いを

見落としがちですが、切手にも心配りを忘れずに。形式を重んじる目上の方への手紙や弔事の手紙などでは、キャラクターや派手な絵柄は避け、季節の植物や風景など、控えめなデザインにしましょう。また、手持ちのもので間に合わせたという印象を避けるため、一枚もしくはなるべく少ない枚数で金額を合わせます。

筆記具は、黒かブルーブラックの万年筆を使うと丁寧な印象です。黒いボールペンでも問題ありませんが、消せるタイプのボールペンは鉛筆と同じで、下書きやメモにのみ使用します。慶事には濃い黒、弔事には薄墨色を使用するのがマナーとされています。

はがき・一筆箋・メールの基本

手紙・はがき・一筆箋の使い分け

手紙は封筒に入れた「封書」で、はがきはそれを簡略化したものです。手紙がふさわしいのは、目上の方へ送るもの、プライバシーにかかわる内容のもの。そのほか、本来は出向いて伝えるべき、依頼、お詫び、お見舞い、お悔やみなどの改まった内容も手紙がよいでしょう。

はがきのほうが適している場合もあります。年賀状や暑中見舞いなどは、現在でははがきが定番なので、相手がはがきなのにこちらが手紙では、かえって仰々しい印象です。お中元・お歳暮など日常的な贈答に対するお礼状も、はがきでかまいません。旅先からのおたよりには、現地のきれいな絵はがきを使うのもよいでしょう。

思い立ったときにさらりと書いて出せるのがはがきのメリット。ちょっとした気遣いを見せたいときに、相手の負担になることなく、丁寧な印象を与えることができます。

最近は、手軽に使える一筆箋も人気です。一筆箋は、普通の便箋の三分の一ほどのサイズで、何か品を送る際に添えて出すのに最適です。返礼の品や借りていた品、お土産を送るときなどに使用しましょう。

私製はがきはサイズに注意

はがきには二種類あります。郵便（官製）はがきと、私製はがきです。

郵便はがきは、日本郵便株式会社から発行されたはがきのこと（民営化される前は「官製はがき」と呼ばれていました）。通常はがきや年賀はがき、かもめ～るなどがあります。

私製はがきは、日本郵便以外でつくられたはがきです。文房具店などで販売されているポストカードや、観光地の写真が印刷された絵はがきなどがあります。

また、自分でつくったはがきを郵便で送ることもできます。日本郵便の規定があるので、はがき料金で送りたい場合は、規定にそって作成しましょう。

●**サイズ** 十四〜十五・四×九〜十・七センチ

●**重さ** 二〜六グラム

この範囲を外れると、定型外郵便物の扱いになり、切手代に追加料金がかかるので注意しましょう。

はがき・一筆箋にも相手への気配りを

はがきや一筆箋でも、誤字・脱字に注意すること、丁寧な文字で書くことなどは手紙と変わりありません。相手にとって読みやすい書き方を心がけましょう。はがきや一筆箋が略式なものとはいえ、鉛筆のような消せる筆記具は向きません。

また、余っているからといって、年賀はがきなどを使いまわすのもやめましょう。相手に失礼です。書き損じはがきは、所定の手数料を払えば、郵便局で新しいはがきや切手などと交換してもらえます。

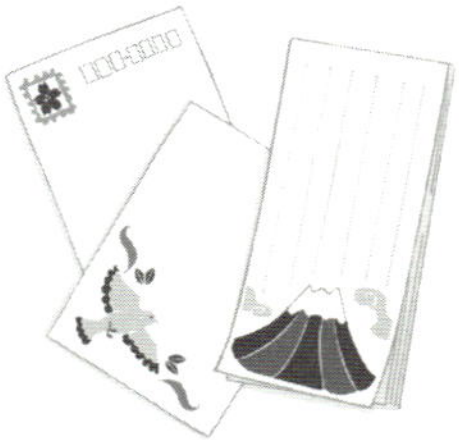

メールは件名・本文とも簡潔に

メールは現在もっとも手軽なコミュニケーションツールのひとつでしょう。手紙のように時間がかからず、電話のように相手の時間を拘束することもありません。同じ内容を多くの人に一度に伝えたい場合や、写真などのデータを送る場合にも便利な連絡手段といえるでしょう。

その手軽さはメリットではありますが、改まった内容には不向きとされています。目上の人へのお礼や、慶弔にかかわる内容は相手との関係性を考えてメールの使用が適切かどうか慎重に判断しましょう。

また、パソコンや携帯電話などの限られた画面スペースで読むものなので、読みやすさにも気を配ります。主文はきりのよいところで改行し、まとまりごとに一行空けましょう。

手書きの手紙やはがきと異なり、メールは機械的に文字が並ぶだけなので、用件だけでは冷たい印象を与えてしまいがちです。手紙と同様、季節のあいさつや相手の健康を気遣うフレーズを入れ、心の通ったやり取りになるよう心がけましょう。

手紙の構成

四つの構成要素が基本

手紙の構成には、先人たちが完成させたコミュニケーションの極意が詰まっています。

手紙は一方的な連絡手段なので、用件だけを伝えてはぶしつけな印象を与えてしまうもの。そこで、手紙の基本的な構成は、①書き出しでまず、季節の移ろいに心をはせて相手の近況を伺い、②気持ちが和んだところで用件へ移り、③最後は相手の健康を願って心地のよい読後感に導く、という流れになっています。

これらがいわゆる、①前文、②主文、③末文。続けて、差出人などの④後付がついて、手紙の完成です。この流れを押さえておけば、誰でも美しい手紙を書くことができます。

❶ 前文

A 拝啓

B 春陽の候、田島様には、お元気でお過ごしのこと

C と存じます。

❷ 主文

D さて、このたびは私どもの婚礼に際し、ご多忙のなか披露宴にお運びいただきましたうえ、お心のこもったご祝辞まで頂戴し、誠にありがとうございま

A **頭語《とうご》**（→P20）
手紙に用いる書き出しの言葉。一行目の一番上から書き始めます。

B **時候のあいさつ**（→P36〜）
季節や天候に合ったフレーズを選びます。**A頭語**の後に一字空けて続けるか、改行して一字下げて書きます。

C **近況の伺い**（→P22）
相手の健康を気遣います。続けて、自分の近況や日頃のお礼を添えることもあります。

❸ 末文　　❹ 後付

した。

未熟な私どもではありますが、ご祝辞にあった「お互いへの感謝の心」を忘れず、田島様のような温かい家庭を築いていきたいと考えています。今後も温かく見守っていただけましたら幸いです。

E お近くにいらっしゃる際は、ぜひお立ち寄りください。楽しみにお待ちしております。時節柄、お体おいといください。まずはお礼まで。

F 敬具

H 三浦智樹
美郷

G 元号○○年四月六日

I 田島伸介様

D 主文（→P114〜）
改行し、一字下げて手紙の本題を書き始めます。「さて」「このたびは」などの起こし言葉を使うと書き出しやすいでしょう。

E 結びのあいさつ（→P41〜）
改行して一字下げ、相手の健康を気遣い締めくくります。ここで今後の交友をお願いしたり、返信を求めることもあります。

F 結語《けつご》（→P20）
A **頭語**に合った結語を用います。E **結びのあいさつ**と同じ行か、改行して行末から一字空けて書きます。

G 日付
行頭から二〜三字下げて、日付を入れます。正式な手紙では元号から書きましょう。

H 署名
改行し、F **結語**と行末をそろえてフルネームを書きます。

I 宛名
行頭から一字下げ、相手のフルネームを大きめに書きます。「様」や「先生」などの敬称をつけましょう。夫婦の場合は連名にし、それぞれに敬称をつけます。

はがき・一筆箋・メールの構成

はがきは簡潔にまとめる

長くなれば枚数を増やせる便箋に対し、はがきは一枚です。用件を簡潔にまとめましょう。略式なものなので、頭語・結語は必要ありません。

文字量は二十字×十〜十五行が目安です。縦書きが基本ですが、親しい相手には横書きでもよいでしょう。誰に読まれてもよいように、内容には配慮しましょう。

❶前文	❷主文	❸末文	❹後付

A 初雪の知らせも聞こえるこの頃、B お変わりありませんか。

C 昨日、ご丁重な年末のご挨拶を頂戴いたしました。いつもながらのお心遣いに、感謝申し上げます。以前から気になっていたお店のお品で、さっそく夕飯においしくいただきました。

D 年末に帰省した際には、お会いできるのを楽しみにしています。

まずは、書中にてお礼申し上げます。

E 十二月二日

A **時候のあいさつ（→P36〜）**
頭語と結語は省略して問題ありません。

B **近況の伺い（→P22）**
相手の健康を気遣うフレーズを書きます。

C **主文（→P14〜）**
広めにスペースを取ります。

D **結びのあいさつ（→P41〜）**
相手の健康や繁栄を祈る言葉、今後の交流のお願いで締めます。

E **日付**
行頭から二〜三字下げて日付を入れます。

一筆箋は長くても二枚まで

贈り物やお礼の品などを送る際に、文字通り「一筆添える」気持ちで使うのが一筆箋です。

書式に決まりはありません。便箋なら最後に記す宛名を冒頭に置いたり、頭語や時候のあいさつなどは省略してもよいでしょう。略式のものなので、形式ばった書き方より、親しみをこめた文がなじみます。

長くなっても二枚までとし、それ以上になる場合はふつうの便箋を使いましょう。

長谷川瞳子様
今年は秋の訪れが早いようですが、お変わりありませんか。
お好きとおっしゃっていた、ゆずのお菓子を見つけたのでお送りします。
時節柄、ご自愛ください。
三好ふみ

メールは読みやすさを重視して

限られた画面で読むメールは、読みやすいよう内容は簡潔にまとめ、段落ごとに一行空けて余白をつくりながら書くのがコツです。

件名にはメールの内容を具体的かつ簡潔にまとめておくと、相手にも親切です。返信の際の「Re:」を残したままでは失礼にあたらないかと悩む人もいますが、「返信」のメールだということがひと目でわかるため、むしろ合理的で望ましいといえるでしょう。

件名：秋の遠足会の写真

森尾様

こんにちは。
先日は遠足会、お疲れ様でした。

あのときの写真をお送りしますね。
皆さん、いい笑顔です。
体を動かすのはよいものですね。

誘っていただき、勇気を出して
参加してよかったです。
また機会がありましたら
ぜひお声がけください。

中島聡子

頭語と結語

内容に合った正しい組み合わせを

頭語と結語は、それぞれ「こんにちは」「さようなら」にあたる、手紙独特のあいさつです。「拝啓」「敬具」の組み合わせが一般的ですが、内容や相手に応じた、さまざまな書き方があります。頭語と結語の組み合わせには決まりがあり、違うものを合わせるとちぐはぐな印象を与えてしまうため、気をつけましょう。「かしこ」は女性が使う結語で、どの頭語にでも合わせられ、結語だけでも使える便利なものですが、ビジネスシーンではふさわしくないので注意します。

親しい相手や、改まった内容でない場合、頭語と結語は省略してもかまいません。はがきや一筆箋では書かないほうが親しみをこめられるでしょう。

手紙の種類	頭語	結語	意味や使い方
一般的な手紙	拝啓／拝呈／啓上／拝進／一筆啓上／一筆拝呈／一筆申し上げます／手紙で申し上げます	敬具／敬白／拝具／＊かしこ／＊ごきげんよう／＊ごめんくださいませ	拝啓＝謹んで申し上げます 敬具＝謹んで申し上げました
改まった手紙	謹啓／謹呈／恭啓／粛啓／謹んで申し上げます／＊謹んで一筆さし上げます	謹言／謹白／頓首／再拝／＊かしこ／＊あらあらかしこ	謹啓＝「拝啓」をより改めたもの 謹言＝「敬具」をより改めたもの ●目上の方や、特にお世話になった人へ

注1…＊は女性のみが使う言葉　注2…頭語と結語は上下の枠内なら基本的にどういう組み合わせでもよい

前文を省略する手紙	前略／冠省／略啓／寸啓／ 前文お許しください／ *前文ごめんください	草々／匆々／ 不一／不備／不尽／ *かしこ	前略＝前文を省略します 冠省＝冠(前文)を省略します 草々＝急ぎ簡略に失礼します 不一＝十分に意を尽くさない ●頭語の後すぐ本文に入ってよい ●「草々不一」とする場合も ●「前略―不一」「冠省―草々」の組み合わせでは使わない
急ぎの手紙	急啓／急呈／急白／ とり急ぎ申し上げます／ 略儀ながら申し上げます		
初めての人に出す手紙	拝啓／拝呈／謹啓／ 初めてお手紙さし上げます／ 突然お手紙をさし上げる失礼をお許しください	敬具／敬白／拝具／謹言／ *かしこ／*ごめんくださいませ	●面識のない相手に出す手紙などに ●時候のあいさつや近況の伺いは不自然なので不要
再度出す手紙	再啓／再呈／追啓／ 重ねて申し上げます／ たびたび失礼ながらお手紙をさし上げます	敬具／敬白／拝具／ *かしこ	●返事を待たず続けて出す手紙に ●時間を空けず出す場合、頭語の後すぐ主文に入ってもよい
返事の手紙	敬復／復啓／謹啓／ お手紙拝見いたしました／ お手紙ありがとうございました	敬具／敬白／敬答／ 拝具／拝答／ *かしこ／*お返事まで	●相手から来た手紙への返事に

前文と末文

前文・末文で心の通った手紙に

手紙に温かみを加えるのが前文・末文です。前文では、頭語→時候のあいさつに続けて相手の近況を尋ね、気遣いの姿勢を見せます。状況に応じ、自分の近況を伝えたり、日頃の感謝を述べてもよいでしょう。

主文の後にも、相手の健康を気遣う文や今後の交流を願う文を入れて、結びのあいさつとします。

●前文を省略してよいケース

・親しい人や近所の人へ　・前文のない手紙への返信

・急用の手紙（頭語として「急啓」などを入れると丁寧）

・はがき

●前文を書かないケース

・お見舞い状　・お悔やみ状

相手の近況を尋ねる

一般的な手紙で、〈時候のあいさつ〉の後に続ける。

○○様
皆様
皆々様
御一同様
ご家族の皆様

＋

には
におかれましては

＋

目上の人へ

ますます
いよいよ
一段と

ご活躍
ご健勝
ご清祥
ご壮健

のことと

存じます。
お慶び申し上げます。
拝察いたしております。

親しい人へ

お変わりなく
お元気で
お健やかに
ご無事で

お過ごし
お暮らし

でしょうか。
ですか。

お元気で
いかがお過ごしで
お変わりなくお過ごしで

いらっしゃいますでしょうか。
しょうか。

自分の近況を伝える

親しい相手宛か、尋ねられているときだけ。〈近況の伺い〉の後に。

私も
私どもも
当方も
家族一同
こちらも

＋

おかげさまで
おかげさまをもちまして

変わらず
元気に
健康に
つつがなく
何事もなく
無事に

暮らして
過ごして

＋

おります。
おりますので、ご安心ください。

日頃の感謝を伝える

必要な場合のみ、〈近況の伺い〉を尋ねた後に。

いつも
日頃は
平素は
先日は
過日は
このたびは

＋

たいへん
何かと
いろいろ
格別の

お世話になりまして
お心にかけていただきまして

＋

何かと
親身に(な)

お世話
お気遣い
お心遣い

をいただきまして

＋

ひとかたならぬ
なみなみならぬ

ご厚情
ご指導
ご高配

を賜りまして
を頂戴いたしまして
に預かりまして

＋

(誠に／本当に)
ありがとうございます。
(厚く／心より)
お礼申し上げます。
(深く／心より)
感謝申し上げます。
恐縮いたしております。

お詫びの言葉

〈近況の伺い〉の後に。状況に応じて。

心ならずも
ついつい
長らく
久しく
先日は
このたびは

＋

ご無沙汰いたしまして
ご無音にうち過ぎ
雑事にまぎれてご無沙汰しており

＋

ご迷惑
ご心配をおかけし、
お手数をおかけし、

＋

恐縮しております。
心苦しく思っております。
深くお詫び申し上げます。
誠に申し訳ないことでございます。

末文

今後の交流をお願いする

目上の相手やビジネスの手紙に、〈主文〉の後、〈相手の健康や幸福を祈る〉の前に置く。

これからも 今度とも 末永く どうか どうぞ	＋ いっそうの 変わらぬ よろしく	＋ お力添え お付き合い ご教示 ご厚情 ご指導 ご助言	＋ (を)くださいますよう (を)賜りますよう のほど	＋ お願いいたします。 お願い申し上げます。

伝言を添える

必要な場合のみ、〈主文〉の後、〈相手の健康や幸福を祈る〉の前に置く。

末筆ながら、 末筆で恐れ入りますが、 最後になりましたが、	＋ 皆様にも ご主人様にも 奥様にも ご両親様にも ご家族の皆様にも ○○様にも	＋ どうぞ くれぐれも	＋ よろしくお伝えください(ませ)。

相手の健康や幸福を祈る

一般的な手紙で、〈主文〉の後に続ける。 前文で使ったフレーズは使わない。

○○様の 皆様の ご一同様の ご家族の	＋ いっそうの いよいよの さらなる ますますの	＋ ご活躍を ご健勝を ご多幸を ご発展を	＋ (心より)お祈り申し上げます。 祈念いたしております。

用件を結ぶ

文を締めて納まりをつけたいときに、〈相手の健康や幸福を祈る〉の後に続ける。

遅ればせながらとり急ぎ 書中をもちまして とり急ぎ まずは書中にて 略儀ながら	＋ お礼 ごあいさつ ご返事	＋ いたします。 まで。 申し上げます。

「〜まで。」という書き方は略式なので、目上の方へは使わない。

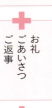

宛名の書き方

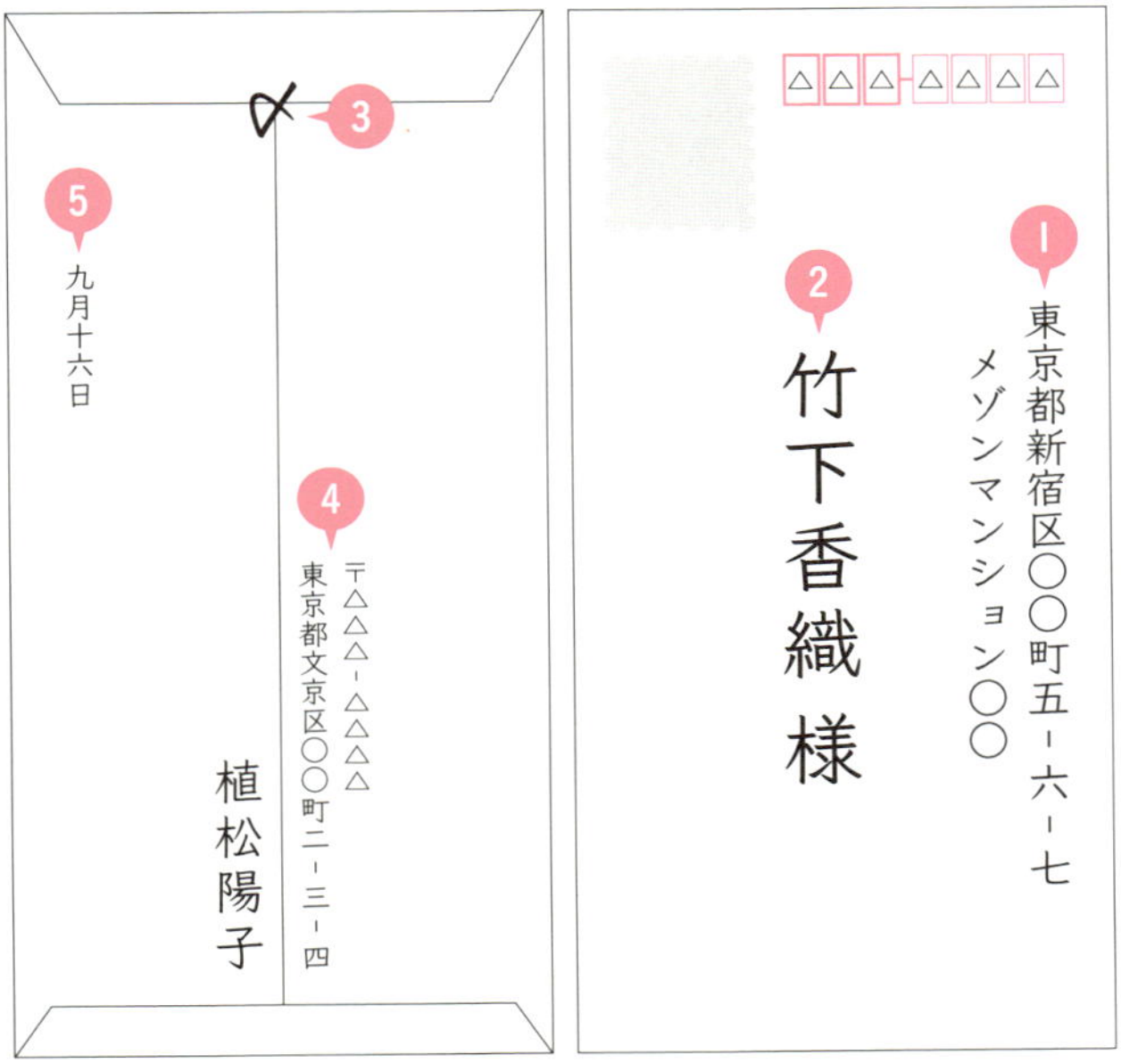

和封筒のルール

❶宛先……宛名より小さめの文字で、相手の住所を記入します。二行になる際は、二行目は一字下げて書き始めましょう。市町村名やマンション名などが二行にまたがらないように注意します。縦書きの場合は、数字は漢数字にするのが一般的です。

❷宛名……封筒の中央に、大きめの文字で相手の名前を書きます。宛先から一字下げた位置から書き始めましょう。敬称は「様」が一般的ですが、手紙の後付に用いたもので統一します。

❸封字……のりで封をし、「封」「緘《かん》」もしくは簡略に「〆《しめ》」と書きます。

❹差出人……封筒中央の継ぎ目をはさんで、右側に住所を、左側に氏名を書きます。継ぎ目の左側に住所と氏名を記入してもかまいません。

❺日付……差出人の左上に、手紙を書いた日付を小さめに書きます。

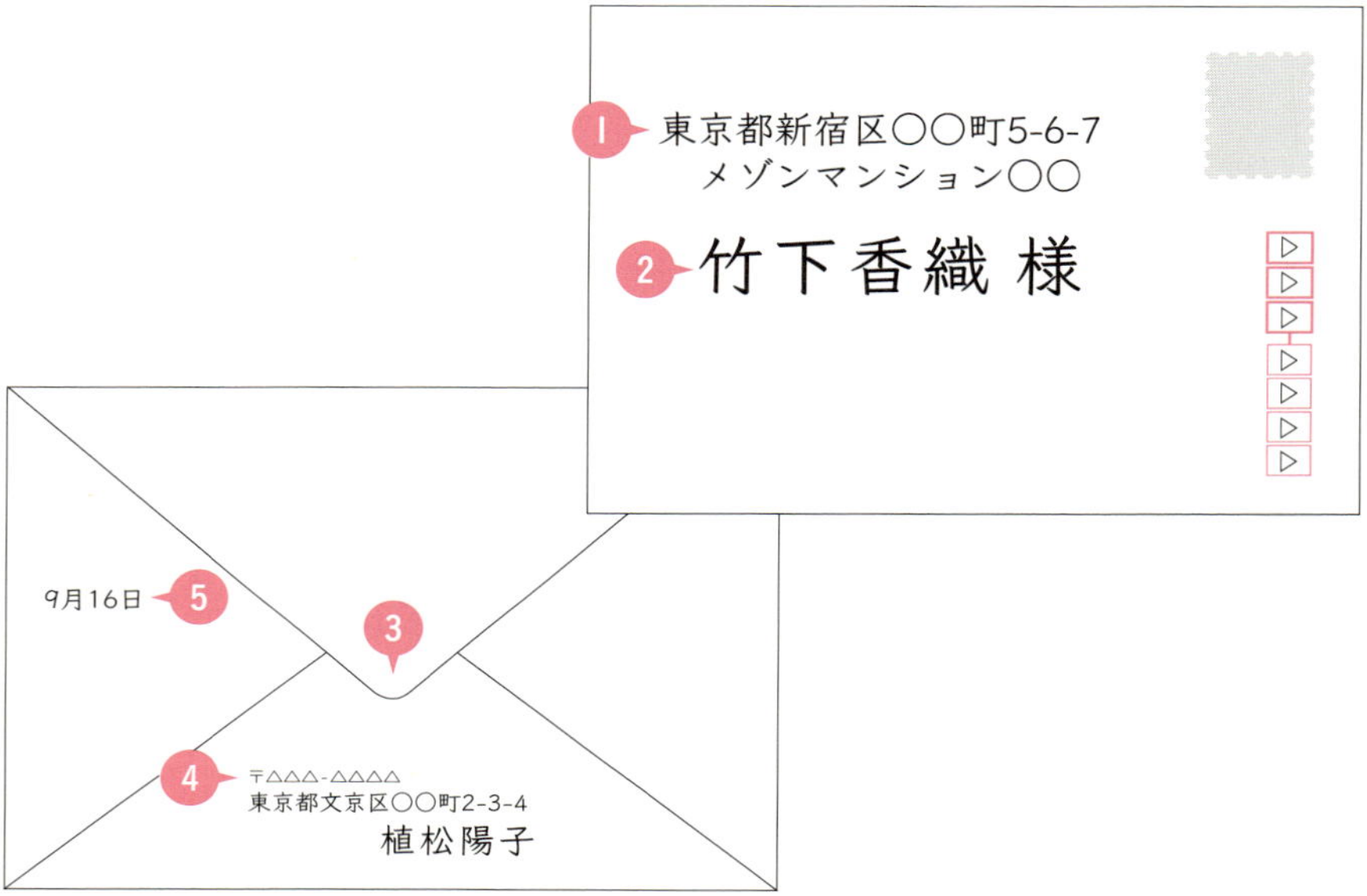

洋封筒のルール

①宛先……基本的には和封筒と同じです。封筒の上部三分の一くらいにおさまるように、相手の住所を記入します。ただし、数字は算用数字を使います。

②宛名……和封筒と基本は同じ。封筒の中央に、宛先から一字分右に、大きめの文字で相手の氏名を書きましょう。

③封字……洋封筒で横書きの場合は、省略できます。

④差出人……封筒の下部三分の一くらいに納まるように、中央に自分の住所と氏名を書きます。氏名はやや大きめの字で、行頭か行末を住所にそろえて書くとよいでしょう。

⑤日付……差出人よりも上の左側に、手紙を書いた日付を、算用数字で小さめに書きます。

※改まった手紙の場合は、洋封筒でも縦書きにします。書き方は、基本的に和封筒と変わりません。一般的に右側から封を閉じるように書きますが、弔事の場合のみ左側から閉じるようにします。

はがきのルール

❶宛先……裏面を縦書きで書いた場合は、表書きも縦書きにします。書き方は和封筒と同じです。

❷宛名……はがきの中央に宛先より大きめの文字で、宛先から一字下げて、相手の氏名を敬称つきで書きます。連名の場合はそれぞれに敬称を。

❸差出人…左下の郵便番号の枠の上に書きます。字の大きさは、宛名∨自分の氏名∨宛先∨自分の住所。

❹日付……差出人の上部に小さく書きます。裏に書いた場合は省略します。

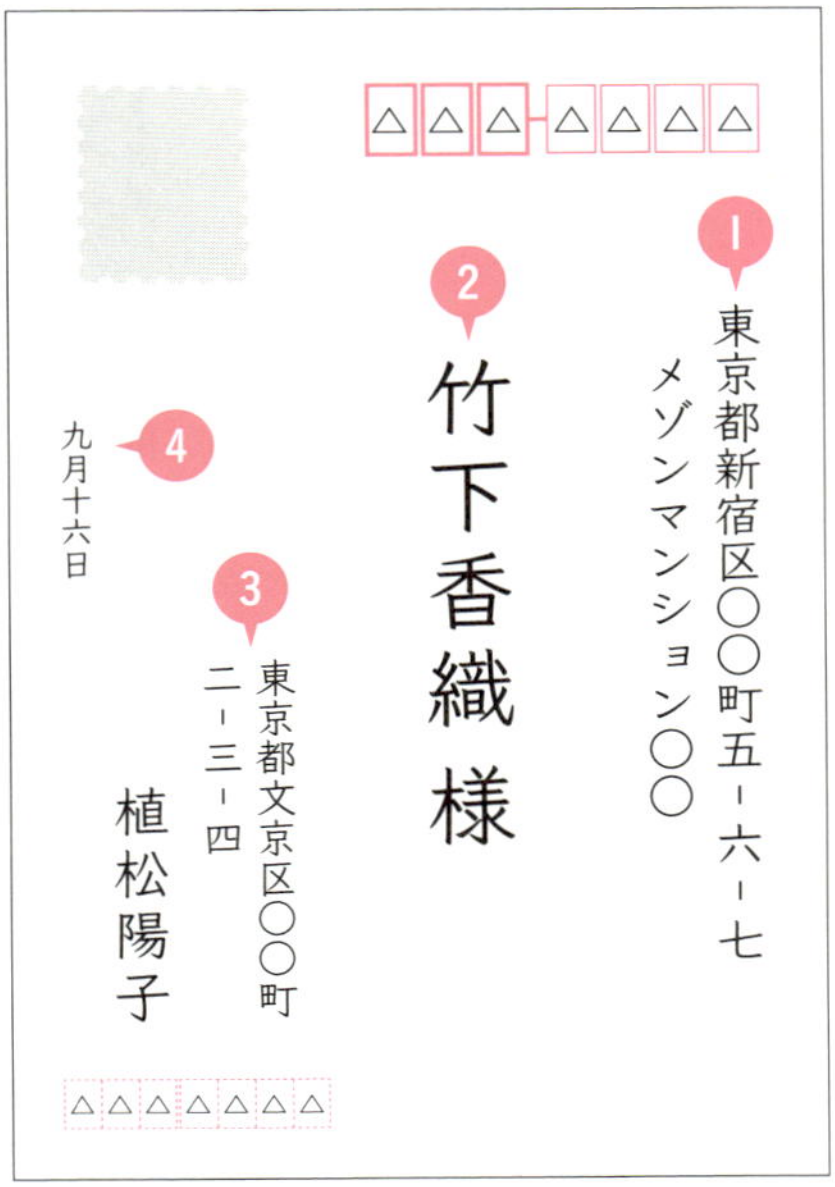

横書き（はがき横向き）

❶宛先…洋封筒と基本的に同じです。左端から二文字分くらいのスペースを開けて書き始めます。

❷宛名…洋封筒と基本的に同じです。

❸差出人…はがきの右下に書き、氏名は住所の行頭か行末にそろえます。

❹日付…横書きでは省略できます。

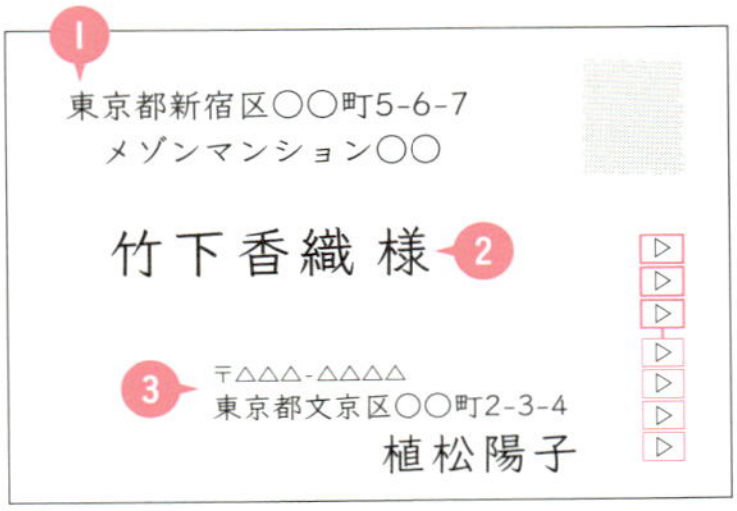

横書き（はがき縦向き）

❶宛先…切手の一～二文字分下から、切手の左端にそろえて一字目を書き出します。二行目は一行目から一～二字分右へずらして書きます。

❷宛名…はがきの中央に、宛先から一字分右へずらし、宛先より大きめの文字で相手の氏名を書きます。

❸差出人…はがきの右下に書き、氏名は住所の行頭か行末にそろえます。

❹日付…横書きでは省略できます。

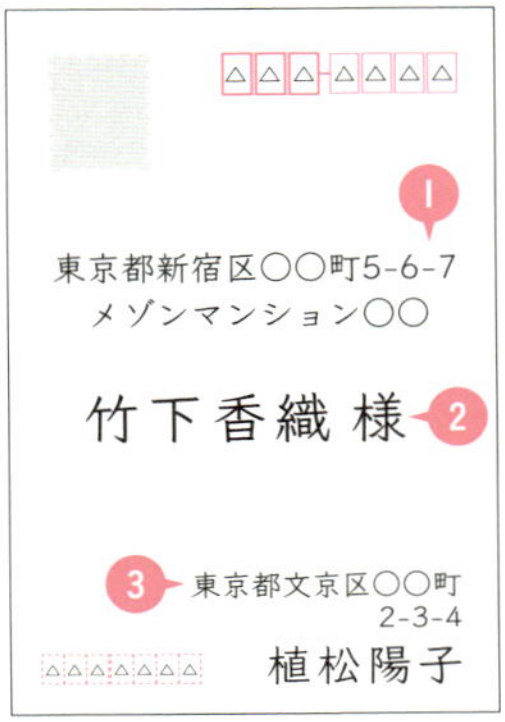

便箋の折り方

書き出しの部分を上に

便箋の折り方は、相手が封筒から取り出したときに開きやすく、読みやすいことが大切です。書き出しの部分を上にして封筒に入れるようにしましょう。

封をする際は、のりでしっかりと閉じましょう。セロハンテープやホチキスで閉じるのは見栄えも悪く、マナー違反です。

縦書き（三つ折り）

便箋の下3分の1を上に折り、上3分の1をかぶせるように折る。★印のついた書き出しの部分が上にくるように封筒に入れる。

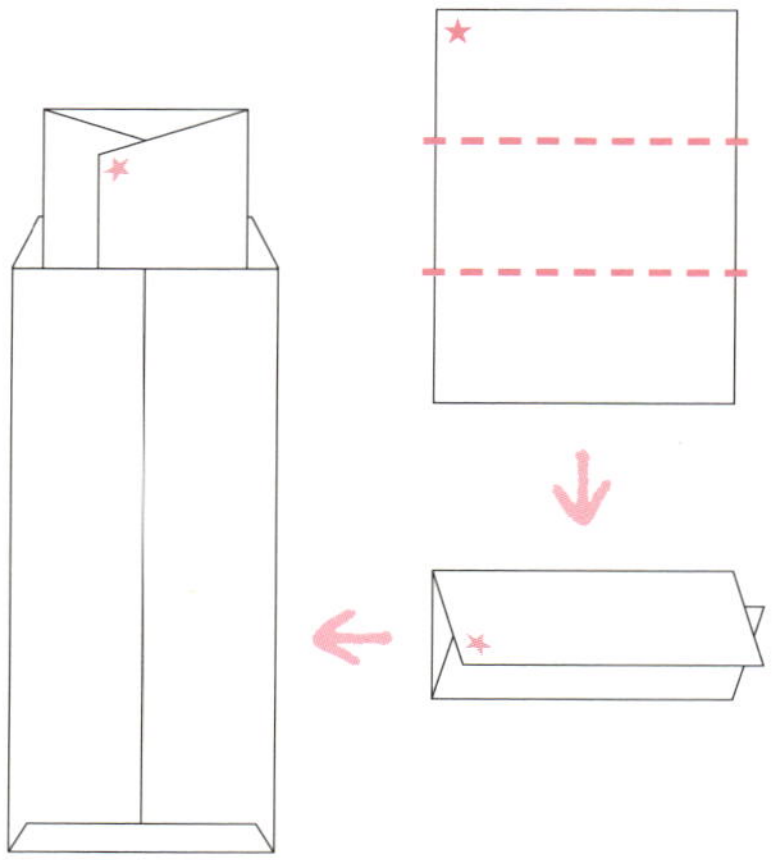

縦書き（四つ折り）

便箋を下からふたつに折り、上半分をさらにかぶせるように折る。★印のついた書き出しの部分が上にくるように封筒に入れる。

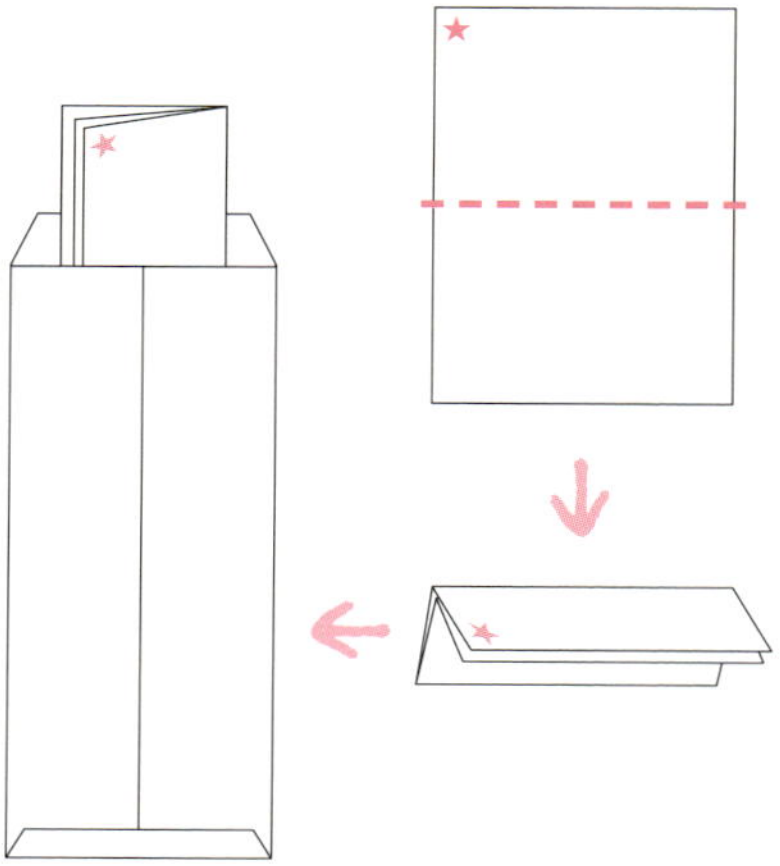

横書き

便箋を横半分に折り、さらに縦半分に折る。★印のついた書き出しの部分が上にくるように封筒に入れる。

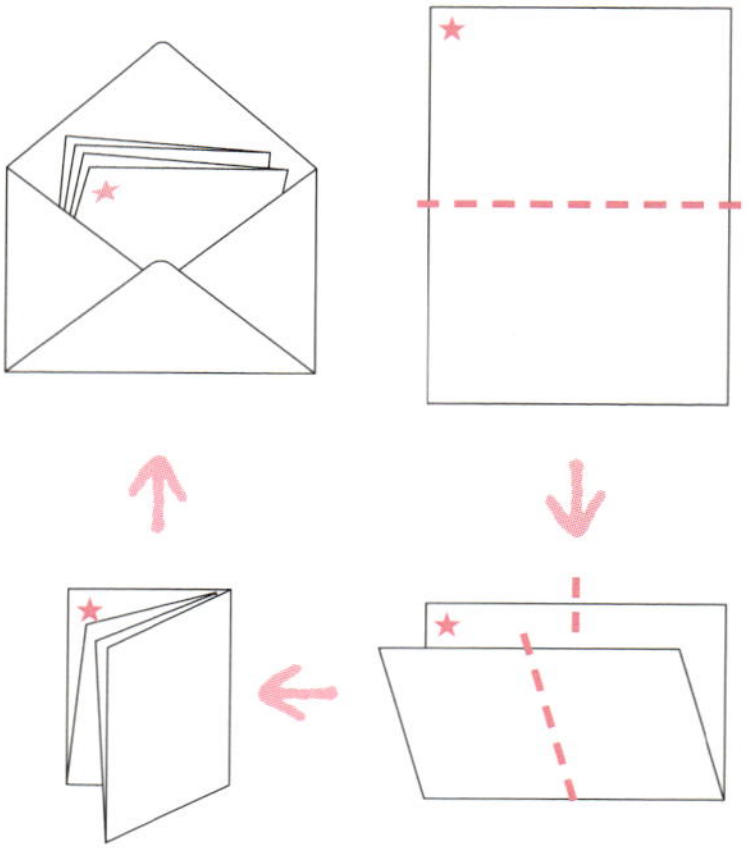

第二章

十二か月の書き出しと結び

一月の季節のおたより

年賀状の文例

新年おめでとうございます
皆様にはお元気で新年をお迎えのこととお慶び申し上げます
旧年中は格別のご高配を賜り　誠にありがとうございました
おかげさまで　よき新年を迎えることができました
皆様のご多幸を心よりお祈り申し上げます
本年もどうぞよろしくお願いいたします
元号〇〇年　元旦

書き方のポイント

年賀状は、新年を祝う言葉で書き始めます。「明けましておめでとうございます」「謹賀新年」などの言葉は「賀詞《がし》」といい、さまざまなものがあるので相手に合わせて選びましょう。

全体の構成は〈**賀詞→旧年中の感謝→本年の交流のお願い→日付**〉という流れが一般的です。

本来は句読点を入れず字間を空けますが、最近では読みやすさを重視し、入れることも多くなっています。

年賀状の書き出し（賀詞）

丁寧なあいさつ

- 謹賀新年（意味：謹んで新年をお祝い申し上げます）
- 恭賀新春（意味：うやうやしく新春のお祝いを申し上げます）
- 迎春万歳（意味：新年を迎え、お慶び申し上げます）
- 謹んで新春のお慶びを申し上げます
- 新春を寿《ことほ》ぎ　謹んでご挨拶申し上げます

一般的なあいさつ

- 明けましておめでとうございます
- 新年おめでとうございます
- 新年のお慶びを申し上げます

親しみをこめたあいさつ（略式）

- 賀
- 福
- 寿
- 禧《き》
- 賀正
- 賀春
- 慶春
- 迎春
- 初春
- 新春
- 頌春《しょうしゅん》
- 寿春《じゅしゅん》

賀詞のポイント

賀詞は、相手によって使い分けるようにします。目上の方へは「謹賀新年」など漢字四文字か、「謹んで新春のお慶びを申し上げます」など丁寧な文のものを。「迎春」「寿」「福」など漢字二字や一字の賀詞は略式で、目上の方に使うのは失礼なので気をつけましょう。

主文のポイント

内容は原則、新年のあいさつだけとします。日常的な連絡を書き込むのはやめましょう。ただし、近況報告として転居や結婚、出産の報告を兼ねるのは問題ありません。なるべくなら、手書きのひと言を添えたいものです。

年賀状の結び

丁寧なあいさつ

● 皆様のご健康とご多幸を心よりお祈り申し上げます

● ご家族皆様のご健康を祈念いたしております

● 本年も格別のご指導を賜りたく　お願い申し上げます

● 本年も倍旧のご厚情を賜りますよう　お願い申し上げます

● 何とぞ末永くご厚誼のほど　お願い申し上げます

一般的なあいさつ

● 本年もどうぞよろしくお願いいたします

● 今年もよろしくお願い申し上げます

● ご家族のご多幸とご健康をお祈りいたします

● 今年も健康で　よい一年になりますように

● お互いに飛躍の年になるよう頑張りましょう

● 本年がお互いに実りある年になりますように

● 今年も素敵な一年になりますように

結びのポイント

年賀状の結びも、一般的な手紙の結びと原則は同じですが、新年に対し希望を持てるような結びが望ましいでしょう。「相手の健康、活躍を願う」または「変わらぬ交流を願う」などの結びが一般的です。

日付のポイント

縦書きの年賀状では、元号で年数を入れるのが一般的です。年数に続けて「元旦」または「元日」と入れますが、「元旦」は「一月一日の朝」、「元日」は「一月一日」という意味なので、「一月元旦」などとするのは誤りです。一月一日に届かないことが明らかな場合には、「元号○○年一月」「元号○○年正月」などとします。

年賀状欠礼の書き出し

● 喪中につき年頭のご挨拶を失礼させていただきます

● 服喪中につき年頭のご挨拶はご遠慮申し上げます

● 亡父の喪中のため勝手ながら新年のご挨拶を欠礼いたします

● 新年のご挨拶申し上げるべきところ喪中につき失礼いたします

年賀状欠礼の結び

● 生前に賜りましたご厚情を故人に代わり深謝いたしますとともに
皆様にはよきお年をお迎えいただきますよう　お祈り申し上げます

● 本年中に賜りましたご厚誼　誠にありがとうございました
皆様のご無事の越年をお祈り申し上げます

● 長年にわたる故人へのご厚情に改めて御礼申し上げます
皆様にはご自愛のうえ　明年のご多幸をご祈念申し上げます

● 本年中はひとかたならぬお引き立てを賜り　誠にありがとうございました
明年も変わらぬご交誼のほどお願い申し上げます

年賀状欠礼のマナー
一般的に、自分または配偶者を中心に一等親(父母・子)か、同居している二等親(祖父母・兄弟・孫)の他界にあたり出します。出す時期は、十一月中旬～十二月中旬。間に合わない場合は、松の内(一月七日頃)が開けてから「寒中見舞い」(→次ページ)を出します。

全体の構成
一般に〈**欠礼の報告→故人の名、亡くなった日→感謝の言葉→日付**〉。故人の名と亡くなった日の報告は「去る○月○日　父○○が天寿を全うして他界いたしました」など、日付は「元号○○年秋」などとします。

書き方のポイント
前文は不要で、主文から書き始めます。句読点は用いないことが一般的です。

寒中見舞いの書き出し

● 寒中お見舞い申し上げます。
寒に入り、冷え込み厳しいこの頃、いかがお暮らしでしょうか。

● 寒中お伺い申し上げます。
暖冬とはいえ朝晩冷え込む今日この頃、いかがお過ごしでしょうか。

● 厳冬のみぎり、寒中お見舞い申し上げます。
ご服喪中と存じ、年頭のご挨拶を遠慮させていただきました。

● 大寒のお見舞い申し上げます。
亡き父の喪中につき、年頭のご挨拶を遠慮させていただきました。
旧年中にお知らせすべきところ、年を越してしまい非礼を深謝いたします。

寒中見舞いの結び

● 厳寒のみぎり、お風邪などお召しになりませんようご自愛ください。

● まだまだ寒い日が続きますので、お体おいといください。

● 向寒の折、ご自愛専一に。

寒中見舞いを出すケース

● 喪中に年賀状欠礼を出すのが遅れた際の、年賀状の代わり

● 年賀状が遅れたときのあいさつ、返礼

● 喪中の方への年賀状の代わり

● 喪中と知らずに年賀状を出したお詫び

● 喪中期間にいただいた年賀状への返礼

出す際のマナー

松の内（一月七日頃）から立春（二月四日頃）の前日までに出します。立春を過ぎた場合は、「余寒見舞い」になります。

余寒見舞いの書き出し

●余寒お見舞い申し上げます。寒が明けたとはいえ、寒い日が続いております。

●暦のうえでは春と申しますが、まだまだ寒い日が続きます。お健やかにお過ごしでしょうか。

●余寒お伺い申し上げます。本年は春の訪れが早いようで、寒さが幾分和らいできたようです。

余寒見舞いの結び

●季節の変わり目で体調を崩されませんよう、お体おいといくださいませ。

●春とは名ばかりの気候です。一層ご自愛ください。

●暦のうえでは春とはいえ、まだこの寒さの日々は続くようです。春を待ちわびつつ、ご自愛ください。

●春の訪れが待ち遠しいですね。次回お目にかかる際は年末のご旅行のお話をお聞かせください。

●時節柄、皆様お風邪など召されませんようお過ごしください。

全体の構成
寒中見舞い・余寒見舞いともに、基本的な構成は同じです。〈**季節のあいさつ→相手の近況伺い→自分の近況報告**（親しい人のみ）**→相手の健康への気遣い→日付**〉とします。

書き出しのポイント
寒中見舞い・余寒見舞いともに、「拝啓」「敬具」などの頭語・結語は必要ありません。

結びのポイント
日付は、「元号〇〇年〇月〇日」とします。月までで止めて日を書かなくてもかまいません。

一月の書き出しと結び

別称
睦月《むつき》

祝月《いわいづき》、端月《たんげつ》、初月《しょげつ》、霞初月《かすみそめづき》、初春月《はつはるづき》など

書き出しの言葉

丁寧なあいさつ

上旬

新春《しんしゅん》…新年。正月。
初春《しょしゅん》…新年。新春。
小寒《しょうかん》…一月五日頃。寒さが厳しくなる。

中旬

極寒《ごっかん》…非常に厳しい寒さ。
厳冬《げんとう》…寒さの厳しい冬。
大寒《だいかん》…一月二十日頃の一番寒い季節。

下旬

降雪《こうせつ》…雪が降ること。
寒風《かんぷう》…冬の寒い風。
酷寒《こっかん》…厳しい寒さ。

＋ の ＋ 候 / みぎり / 折

※第2月曜日＝成人の日

日	暦・行事	二十四節気	七十二候
1	元日	（冬至）	雪下出麦［ゆきくだりてむぎのびる］雪の下から麦が若葉をのぞかせる頃
1〜3	初詣		
2	書き初め		
4	官庁御用始め		
5〜9		小寒［しょうかん］寒さの厳しくなる頃	芹乃栄［せりすなわちさかう］芹が生え始める頃
7	七草、松納め		
10	十日戎《とおかえびす》		水泉動［しみずあたたかをふくむ］湧き水が温かく感じられる頃
11	鏡開き		
15	小正月、どんど焼き		雉始雊［きじはじめてなく］雄の雉が求愛のために鳴き始める頃
16	藪入り		
20〜24		大寒［だいかん］寒さが最も厳しい頃	款冬華［ふきのはなさく］ふきのとうが出てくる頃
25	初天神		水沢腹堅［さわみずこおりつめる］沢の水が厚く凍る頃
30〜31			（雞始乳）

一般的なあいさつ

暦

上 **輝かしい新年** を迎え、年頭のごあいさつを申し上げます。

上 皆様おそろいで、よき **新年** を迎えられていることと存じます。

上 うららかな*1 **初春** をお迎えのことと存じます。

上 謹んで **年頭** のごあいさつを申し上げます。

上 **初詣** に出かけ、家族の無病息災を祈りました。

上 今年はどんな **初夢** をご覧になりましたか。

中 ご家族皆様で、喜びに満ちた **お正月** を過ごされたことでしょう。

天候

上 **初春らしい穏やかな日** が続いておりますが、いかがお過ごしでしょうか。

上 いつになく **暖かな三が日** となりました。

上 **寒の入り***2 の名の通り、寒さが厳しくなってまいりました。

● **寒さが身にしみる** 季節になりましたね。皆様お変わりなくお過ごしでしょうか。

● 先日の **雪** が **本格的な寒さ** を呼び込んだようです。

＊1　うららか
空が晴れて、やわらかな日がのどかに差している様子。

＊2　寒《かん》の入り
二十四節気の小寒、大寒の時期を「寒」といい、「寒の入り」は寒の一日目を指します。寒の期間中は「寒の内」「寒中」、小寒から大寒に移ることは「寒変わり」、寒が終わることは「寒明け」といいます。

＊3　雪晴れ
雪がやんで空が晴れ上がった様子。

＊4　寒椿《かんつばき》
十二月～翌二月上旬頃に花を咲かせる樹木で、さざんかの一種。

- **霜柱**を踏む音に身を縮ませながら、冬の風情を感じています。
- 軒下の**つらら**が、日ごとに長く伸びていくようです。
- 朝の**冴えわたった空気**に、気持ちまで引き締まるようです。
- 今日は気持ちのよい**雪晴れ**[*3]で、街もキラキラと輝いて見えます。
- 目が覚めたら外は一面の**銀世界**。子どもたちの歓声が聞こえます。
- 昨晩は**空気が澄んで**、満天の星がとてもきれいでした。
- 今日は**日だまり**にいると、春を感じるような暖かさでした。

花・植物

- 庭の**寒椿**[*4]に雪が積もり、寒さにじっと耐えているようです。
- **蝋梅**[*5]が見頃を迎え、甘い香りに春の訪れを感じるこの頃、いかがお過ごしでしょうか。
- **冬牡丹**[*6]を見に、名所といわれる近くの公園へ足を延ばしました。
- 街路の**水仙**[*7]が風に小さな花を揺らせていました。
- 足元でそっと、小さな**福寿草**[*8]が花開いていました。
- 「難を転じる」という**南天**[*9]を玄関に飾りました。皆様もご息災にされていますでしょうか。

＊5　蝋梅《ろうばい》
十二～二月頃にロウ細工のような黄色い花を咲かせる樹木。

＊6　冬牡丹《ふゆぼたん》
通常、春に咲く牡丹を一～二月頃に咲くよう品種改良したもの。

＊7　水仙《すいせん》
十一～四月頃、細長い茎の先に白や黄色の花をつける草花。

＊8　福寿草《ふくじゅそう》
一月下旬～三月上旬頃、地を這うように黄色い花を咲かせる、正月の祝い花。

いきもの

● 年始の旅行先で、雪原を舞う美しい **鶴**[*10] に思わず見とれてしまいました。

● 近くの川に **ユリカモメ**[*11] が訪れ、冬の賑わいを見せています。

● 公園の湖で **オナガガモ**[*12] たちが寄り添い温め合っていました。

● そちらもご家族みなさま、お健やかにお過ごしでしょうか。

「**猫はこたつで丸くなる**」の歌詞通りの光景が、我が家で繰り広げられています。

食

上 ご家族皆様で、新春の **おせち料理**[*13] を囲まれたことと存じます。

上 本年も家族の健康を願い、**七草がゆ**[*14] を食べました。

中 お正月の **おしるこ** を煮詰めてあんこにし、小倉トーストをいただきました。

中 正月気分も抜けぬまま、今朝は **小豆がゆ**[*15] をつくりました。

● おいしい **たら** をいただき、家族で鍋を囲みました。

● 先日、旅行先で旬の **ふぐ** に舌鼓を打ちました。

● 去年の秋につくった **干し柿** がちょうど食べ頃になり、とろけるような甘さに仕上がりました。

＊9 南天《なんてん》
十一～二月に赤い実をつける樹木。

＊10 鶴
冬鳥の一種。寿命千年のめでたい鳥とされています。

＊11 ユリカモメ
秋に日本に渡来する冬鳥。川、海などで見られます。

＊12 オナガガモ
冬鳥として日本へ渡り、湖、池、川などで冬を越します。

＊13 おせち料理
本来「おせち」は、正月や節分などの節目の日を指します。そこから転じて、特に正月に食べる特別なごちそうをいうようになりました。

● 季節の **ゆず** を搾り、ゆず酢をつくりました。
ゆずの香りに包まれながらお手紙を書いています。

● 畑の **大根** がたくさん採れました。

風物

上 家々の **しめ縄飾り** が華やかで、新年の訪れを感じます。

上 我が家のマンションの入り口にも、大きな **門松** が立ちました。

上 からっ風のなか **凧揚げ** に興じる子どもたちを見かけ、元気をもらいました。

中 **松の内**[*16] の賑わいも過ぎ、平常の暮らしが戻ってまいりました。

中 **松納め**[*16] も終わり、また忙しい日々を過ごされていることと思います。

中 **鏡開き**[*17] もすみ、お正月気分から抜け出しました。

中 **晴れ着姿の新成人** を見かけ、その華やかさが懐かしく、まぶしく感じられます。

中 町内の **どんど焼き**[*18] に参加し、正月の終わりを感じています。

中 **どんど焼き**[*18] で子どもたちに混ざって書き初めを焼き、字の上達を祈りました。

● 今朝起きたら、外は銀世界。子どもたちは **雪だるま** づくりに精を出しています。

● こちらでは雪が薄く積もり、小さな **雪うさぎ** をつくりました。

＊14　七草がゆ
一月七日に、春の七草を入れてつくるかゆのこと。七草は一般にせり、なずな、ごぎょう、はこべら、ほとけのざ、すずな、すずしろを指します。一年の病気を防ぐとされています。

＊15　小豆がゆ
一月十五日の小正月の朝に、小豆がゆをつくって食べる習慣があります。ほんのり赤く、邪気を払う力があるとされています。

＊16　松の内／松納め
正月の松飾り(門松など)を立てておく期間。期間中を「松の内」、期間の終わりを「松納め」「松過ぎ」といいます。主に関東では一月七日頃、関西では十五日頃までです。

結びの言葉

上 **本年も** 変わらぬご厚誼を賜りますよう、お願い申し上げます。

上 ご家族の皆様が **一年をご無事に** 過ごされますよう、心より祈念いたします。

上 **本年も** 皆様のますますのご活躍をお祈りいたします。

上 **新年の** ご多幸をお祈りしております。

上 あなた様が **実りある一年** を過ごされますように願っております。

上 寒い日が続きますので、郷土の **お雑煮** でお体を温めて、おいといください。

上 **松納め**[*16] も過ぎました。気持ちも新たに頑張りましょう。

中 お互い、**お正月気分** もそこそこに、気を引き締めたいですね。

下 **立春も目前**[*19] ですが、しばらくこの寒さは続くようですので、ご自愛くださいますよう。

● **厳寒の折**[*20]、お体おいといください。

● **寒さはこれから** のようです。お風邪など召されませんようご自愛ください。

● まだまだ **厳しい寒さ** が続きますので、どうぞご自愛なさってください。

● ここ数日は、**乾燥した空気** が肌に刺さるようです。暖かくしてお元気にお過ごしくださいませ。

＊17 鏡開き 別称「鏡割り」。一月十一日に鏡餅を割って、おしるこや小豆がゆにして食べる習慣をいいます。

＊18 どんど焼き 別称「左義長《さぎちょう》」、とんど焼き、どんどん焼き」。小正月に行う火祭りのこと。門松やしめ縄を焼き、無病息災を祈ります。書き初めの半紙の燃えさしが高く舞うと字が上達するとされています。

＊19 立春《りっしゅん》 →42、43ページ参照

＊20 厳寒《げんかん》 厳しい寒さ。

二月の書き出しと結び

別称

如月《きさらぎ》

梅見月《うめみづき》、雪消月《ゆきげしづき》、雁帰月《かりかえりづき》、初花月《はつはなづき》、木芽月《このめづき》など

書き出しの言葉

丁寧なあいさつ

上旬

立春《りっしゅん》…二月四日頃。春の始まり。

余寒《よかん》…立春後も続く寒さ。

向春《こうしゅん》…春が訪れようとしていること。

中旬

残雪《ざんせつ》…立春を過ぎたのに残っている雪。

残寒《ざんかん》…立春後に残る寒さ。

軽暖《けいだん》…少し暖かくなってきたこと。

下旬

解氷《かいひょう》…春に川などの氷が解けること。

春寒《しゅんかん》…立春後、ぶり返した寒さ。

梅花《ばいか》…梅の花。

＋の＋

候

みぎり

折

日	暦・行事	二十四節気	七十二候
1		（大寒）	**雞始乳**［にわとりはじめてとやにつく］鶏が産卵を始める頃
2			
3	節分（立春の前日）		
4		**立春**［りっしゅん］春の始まり	**東風解凍**［はるかぜこおりをとく］東から吹く風が氷を解かし始める頃
5			
6			
7			
8	針供養		
9			**黄鶯睍睆**［うぐいすなく］鶯のさえずりが聞こえてくる頃
10			
11	建国記念日		
12			
13			
14	バレンタインデー		**魚上氷**［うおこおりをいずる］水の底でじっとしていた魚たちが動き始める頃
15			
16			
17			
18			
19		**雨水**［うすい］雪が雨に変わり雪解けが始まる頃	**土脉潤起**［つちのしょううるおいおこる］大地が潤いを帯びる頃
20			
21			
22			
23			
24			**霞始靆**［かすみはじめてたなびく］霞がたなびき、風景がぼんやりとかすむ頃
25			
26			
27			
28			
29	（うるう年のみ）		（草木萌動）

一般的なあいさつ

暦

上 **暦のうえでは春**とはいえ、寒さの厳しい日が続いております。

上 **立春**[*1]を過ぎてなお**余寒**[*2]の厳しい今日この頃ですが、皆様いかがお過ごしでしょうか。

上 **節分**[*3]も過ぎまして、ようやく春の暖かさが感じられる今日この頃となりました。

下 二月もなかばを過ぎ、ようやく**春の足音**が近づいてまいりました。

下 **春まだ浅い時季**ですが、ご機嫌のほどいかがでございますか。

天候

上 節分を迎えましたが、まだ**冬の色濃い**昨今です。

上 寒さは依然退く気配を見せませんが、少しずつ**日が長く**なってきたような気がします。

中 寒気のなかにも**早春の息吹**が感じられるようになりました。

中 日差しが穏やかな季節となり、ようやく**根雪も解け始め**たようです。

＊1　立春《りっしゅん》
二十四節気のひとつで二月四日頃に迎える。暦のうえで春が始まる日。

＊2　余寒
立春後の寒さのこと。

＊3　節分
立春の前日。一般的に豆まきを行います。季節を分けることも意味し、元々は各季節の始まりの日の前日のことを指しました。

＊4　寒の戻り
大寒を過ぎて、一時的に寒さがぶり返すこと。

中 **春雪** が思わぬ大雪になり、真冬に逆戻りしたかのようです。

中 **寒の戻り**[*4] の激しいことですが、いかがお過ごしでしょう。

下 縁側の **日だまり** に、穏やかな春の訪れを感じます。

下 ひと雨ごとに **春めいて** くる今日この頃です。

下 **三寒四温**[*5] といいますが、まさにその通りの気候ですね。
こうしてゆっくりと春に近づいていくのでしょう。

下 **寒さもひと段落** して、朝のウォーキングが快適になってきました。

花・植物

上 **梅**[*6] のつぼみもなおかたく、相変わらずの厳しい寒さです。

下 雪解けとともに **雪割草**[*7] が可憐な姿を見せました。

下 **梅** の香りが春を運んでくれる季節となりました。

下 **木々の芽** もすっかり春の装いを整えたようです。

● 庭に咲き誇った **クロッカス**[*8] が、春の到来を予感させます。

● 雪の残る庭隅に、**ふきのとう**[*9] が顔を出しました。

● 近くの公園の **万作**[*10] が、黄色い可憐な花を咲かせています。

● **スノードロップ**[*11] の群生は、本当に雪のようで感動しました。

＊5　三寒四温《さんかんしおん》
冬に三日ほど寒い日が続くと、その後四日くらい暖かい日が続くこと。

＊6　梅
早春、葉より先に香りのよい白や紅色の花を咲かせる樹木。

＊7　雪割草《ゆきわりそう》
二月下旬～五月上旬に色とりどりの花を咲かせます。さまざまな種類があり、もっとも親しまれているのはオオミスミソウです。

＊8　クロッカス
二～四月頃、地面近くに咲く球根植物。花色が豊富です。

＊9　ふきのとう
早春、ふきの根茎から出る若い花茎。香りとほろ苦さを賞味します。

- **猫柳**[*12] がかわいらしい花穂をつけています。

いきもの

- 下 **鶯**[*13] の **初音**[*14] が春の到来を告げる季節です。
- 日本で冬を越した **鶴**[*15] が、北の空へと帰って行きました。
- 毎年この時期になると、**白鳥**[*16] が北へ帰るニュースが流れます。
- 近所の公園のベンチに、**ジョウビタキ**[*17] が止まっていました。

食

- 上 最近は **豆まき** のあと、**福豆**[*18] を年の数だけ食べるのに苦労します。
- 上 今年の節分は、手づくりの **恵方巻き**[*19] を家族一緒に食べました。
- 上 早春の漁村を訪ねたら、海端に干された **海苔** の香りがしました。
- 下 鶯がさえずり始めると、**うぐいす餅**[*20] が恋しくなります。
- いただいた **白魚** を天ぷらにして、早春の味覚を楽しみました。
- 先日、少し早起きをして、家族で **ワカサギ** 釣りに行ってきました。旬の味わいは格別です。
- この時季の **水菜** はみずみずしく春の力を取り入れられるような気がします。

＊10　万作《まんさく》
二～三月頃、黄色く細い花を咲かせる樹木。

＊11　スノードロップ
二～三月頃、小さなベル形の白い花を咲かせる草花。

＊12　猫柳《ねこやなぎ》
ヤナギ科の落葉低木。早春、銀白色の細い毛に覆われた長円形の花穂をつけます。

＊13　鶯《うぐいす》
日本三名鳥のひとつ。春告げ鳥とも呼ばれ、鳴き声に特徴があります。

春の味覚である**菜の花**を店先でも見かけるようになりました。おひたしでさっぱりといただきたいと考えています。

みかんの季節ですね。乾いたこの時季、甘酸っぱい果汁がとてもおいしく感じます。

風物

上 **節分**[3]は鬼役をなさったのでしょうか。お子さんは**豆まき**を楽しまれたでしょうね。

上 **雪合戦**をする子どもたちを見ると、自分の幼い頃を思い出します。

上 先日近所の神社を訪れたら、**針供養**[21]が行われていました。

上 数日前からくしゃみが止まりません。**花粉症**の私にはつらい季節がやってきました。

中 **初午**[22]の日に、祖母がいなり寿司をつくってくれました。

中 立春を過ぎても、まだ外出には**マフラー**が手放せません。

中 今年の**バレンタインデー**は、手づくりチョコに挑戦しました。

下 **桃の節句**[23]を前に、今年こそひな人形を飾らなければと思っています。

下 **受験**シーズンも終わり、我が家もやっと春を迎えられそうです。

＊14 初音《はつね》
鳥や虫などがその季節最初に鳴く声。特に鶯についていうことが多い。

＊15 鶴
→39ページ参照

＊16 白鳥
冬は日本などで越冬する大型の渡り鳥。

＊17 ジョウビタキ
冬鳥の一種。お辞儀のような姿勢で独特の声で鳴きます。

＊18 福豆
節分でまく炒った大豆。地方によっては豆まきの後、数え年の数だけ豆を食べるという風習があります。

＊19 恵方《えほう》巻き
節分にその年の恵方(吉方)を向いて食べると縁起がよいといわれる太巻き寿司。縁を断ち切らないように切り分けず、一本を丸かじり

結びの言葉

上 まだ**寒い日**が続くようですので、お体にお気をつけください。

上 もう少し**暖かく**なったら、ぜひお会いしましょう。

上 **インフルエンザ**が流行していると聞きました。
健康にはくれぐれもお気をつけくださいませ。

上 折しも**向春**の季節。ご壮健にてお過ごしください。

中 時節柄、**風邪**など召されませんようお過ごしください。

中 **春本番**＊4を心待ちにして、元気に寒さを乗り越えましょう。

中 **寒の戻り**があるかもしれませんので、
くれぐれもご無理なさらないようご自愛ください。

下 **三寒四温**＊5の折、くれぐれもご自愛ください。

下 **年度末**を迎えてお忙しいと存じますが、健康には十分ご留意ください。

下 幸多き**春の門出**となりますよう、心よりお祈り申し上げます。

下 **春の訪れ**とともに、一層のご活躍をお祈り申し上げます。

下 **卒業式**シーズンを控え、何かと慌ただしい毎日ですが、
お体にお気をつけてお過ごしください。

するのが習わしです。

＊20 うぐいす餅
和菓子の一種。求肥や甘みをつけた餅などであんを包み、鶯の形に似せ、仕上げに青きなこをまぶします。

＊21 針供養
使えなくなった縫い針を供養する行事。関東では二月八日、関西では十二月八日に行われることが多いです。寺社に針を奉納して供養します。

＊22 初午《はつうま》
二月最初の午の日。また、その日に行われる各地の稲荷神社の祭礼。神前に油揚げや赤飯を供え食べる風習があります。

＊23 桃の節句
↓53ページ参照

三月の書き出しと結び

別称

弥生《やよい》

桜月《さくらづき》、花見月《はなみづき》、花月《かげつ》、花惜月《はなおしみづき》、夢見月《ゆめみづき》など

書き出しの言葉

丁寧なあいさつ

上旬

早春《そうしゅん》…春の初め。

浅暖《せんだん》…春らしい暖かさになったこと。

浅春《せんしゅん》…まだ春の浅い時節。

中旬

春暖《しゅんだん》…春の暖かさを感じる気候。

麗日《れいじつ》…春のうららかな日。

啓蟄《けいちつ》…三月五日頃。地中の虫が起きる気候。

下旬

春色《しゅんしょく》…本格的な春の訪れ。

春分《しゅんぶん》…昼と夜の長さがほぼ同じになる。

萌芽《ほうが》…草木の芽が萌え出ること。

＋の＋

候

みぎり

折

日	暦・行事	二十四節気	七十二候
1		（雨水）	**草木萌動**［そうもくめばえいずる］草木が芽吹き始める頃
2			
3	ひな祭り・桃の節句		
4			
5		**啓蟄**［けいちつ］地中の虫が顔を出す頃	**蟄虫啓戸**［すごもりむしとをひらく］冬ごもりの虫が出てくる頃
6			
7			
8			
9			
10			**桃始笑**［ももはじめてさく］桃の花が咲き始める頃
11			
12	東大寺二月堂お水取り		
13	春日祭		
14	ホワイトデー		
15			**菜虫化蝶**［なむしちょうとなる］青虫が羽化してモンシロチョウになる頃
16			
17			
18	彼岸の入り		
19			
20		**春分**［しゅんぶん］昼夜の長さがほぼ同じ日。20日または21日	**雀始巣**［すずめはじめてすくう］雀がつがいになって巣を構え始める頃
21	春分の日		
22			
23			
24	彼岸明け		
25			**桜始開**［さくらはじめてひらく］桜が咲き始める頃
26			
27			
28			
29			
30			（雷乃発声）
31			

一般的なあいさつ

暦

上 **啓蟄**[*1] を過ぎ、少しずつ穏やかな陽気となってまいりました。

下 **春分** を迎え、春らしい風が吹くようになりました。

下 **お彼岸**[*2] を過ぎたためか、このところ暖かい日が続いております。

天候

上 暦の春とは名ばかりで、**いつまでも寒い日** が続きます。

上 昨晩は **名残の雪**[*3] が降り、急に冷え込みました。

上 今日は朝から **淡雪**[*4] が舞っております。

上 **春寒**[*5] も緩み、春らしい穏やかな日差しが降りそそいでいます。

上 雪解けが進み、野山が **斑雪**[*6] になっています。

中 **水温む**[*7] 季節となりました。

中 **雪解け** とともに木の芽がほころび始めています。

下 **やわらかな陽光** に冬もののウールコートが重く感じます。

下 昨晩は急に **冷えが戻り**、厚い布団が恋しくなりました。

＊1　啓蟄《けいちつ》
二十四節気のひとつで、三月五日頃。大地が暖まり、春の気配に地中の虫が穴から出てくる頃をいいます。

＊2　彼岸《ひがん》
春と秋にあり、春は春分の日を中日として前後7日間を指します。彼岸の頃に寒さが和らぐため「暑さ寒さも彼岸まで」といわれます。

＊3　名残《なごり》の雪《ゆき》
春が来てから降る雪のこと。

＊4　淡雪《たんせつ》
温かくなってから降る雪。白い花びらのように舞い、地面に着くとすぐに消えてしまうはかなさがあります。

＊5　春寒《しゅんかん》
春なのに寒さがある気候。

(下) **菜種梅雨**[*8]とともに草木が芽吹く季節を迎えました。

(下) 昨日、**春一番**[*9]が吹き荒れ、いよいよ春の到来です。

(下) 予期せぬ**春の嵐**[*10]に庭の花も驚いております。

● 春らしい**うららかな陽気**に気分ものんびりしてしまいます。

● やわらかな**春雨**[*11]に草木が喜んでいるように見えます。

● **春霞**[*12]が立つ季節となりました。

● 本日は空が**すっきりと晴れ**わたり、春らしい気持ちのよい朝を迎えました。

● **ひと雨ごとに暖かさが増して**くる今日この頃です。

● **春うらら**[*13]の穏やかな陽気が続きます。

● 「**春眠暁を覚えず**[*14]」の言葉通り、心地よい季節となりました。

花・植物

(下) **連翹**[*15]の黄色い花が春光に照らされて鮮やかです。

(下) **彼岸桜**[*16]でひと足早いお花見を楽しんでまいりました。

(下) いよいよ**桜開花**というニュースを耳にしました。

(下) 早咲きの**チューリップ**[*17]が咲き始めました。

(下) 野山が**若草色**に染まり、その躍動感に元気をもらえます。

＊6　斑雪《まだらゆき》
まだらに降り積もった雪や、まだらに消え残る雪。

＊7　水温《みずぬる》む
小川の水が温くなった様子を表す春の季語。

＊8　菜種梅雨《なたねづゆ》
三月下旬～四月上旬に数日間降り続く雨。菜の花の季節に降るのが名の由来です。

＊9　春一番
立春を過ぎて最初に吹く強い南風。春を告げる風といわれます。

＊10　春《はる》の嵐《あらし》
春一番と同様、南から吹いてくる強風のこと。春一番が吹いた後は、「春の嵐」「春荒れ」などと表します。

＊11　春雨《しゅんう》
春の暖かい気候のなか、細かく静かに降る雨。

● 下 野原一面に **たんぽぽ** が咲き誇り、黄色いじゅうたんのようです。

● 下 **こぶし**[*18] の白い花が一斉に咲き、甘い香りも漂ってきます。

● **花のつぼみがほころぶ** 楽しい季節となりました。

● わが家の **桃** のつぼみが膨らみ始めました。

● **沈丁花**[*19] の甘い香りがどこからか漂ってまいります。

● **椿** の花が咲き始め、我が家の庭に彩を添えております。

● **菜の花** の明るい黄色が春の訪れを感じさせます。

● 散歩の途中で、**ヒヤシンス**[*20] が咲いているのを見つけました。

● **木々の緑** が生き生きと色づく季節となりました。

● 近所の土手に、**つくし** がかわいい頭を出していました。

● **春の植物** が萌え出す季節となりましたが、新たな季節をどのようにお迎えですか。

いきもの

● 中 去年の秋にやってきた **つぐみ**[*21] が、また北へと帰ったようです。

● **ひばり**[*22] のさえずりが春を告げる今日この頃です。

● わが家のささやかな花壇に **蝶々** がやってきました。

＊12 春霞《はるがすみ》
春に立つ霞のこと。昼夜の気温の差が激しい日に起こりやすい現象です。霧と区別がつけられませんが、春は霞、秋は霧と使い分けるのが一般的です。

＊13 春うらら
春、晴れた空から太陽がのどかに照っている様子。

＊14 春眠暁《しゅんみんあかつき》を覚えず
春は気候がよいために寝心地がよく、朝だと気づかずなかなか目覚められないことをいう慣用句。

＊15 連翹《れんぎょう》
黄色い筒状の小さな花を枝いっぱいにつけるモクセイ科の樹木。

食

(上) **はまぐり** がおいしい季節となりました。

(上) 店頭で見かけ、懐かしい気持ちで **ひなあられ** を買いました。

(下) お彼岸のお墓参りの折に **ぼた餅**[＊23] をいただきました。

たらの芽 を天ぷらにして、ほろ苦い春の味覚を楽しみました。

先日、近くの野原で **のびる**[＊24] を摘んできました。

近所の方にいただいた **よもぎ** でよもぎ餅をつくりました。

風物

(上) **ひな祭り**[＊25] を迎え、わが家も華やいでおります。

(上) **桃の節句**[＊25] も過ぎ、うららかな日々が続いております。

(上) お嬢様は **初節句** をお迎えのことと存じます。

(中) **奈良のお水取り**[＊26] がすんだとはいえ、まだ寒い日もある今日この頃です。

(下) もうすぐ **世界フィギュアスケート選手権** ですね。

今年も日本勢の活躍が楽しみです。

卒業式 シーズンを迎え、**袴姿の学生** を見かけます。

＊16　彼岸桜《ひがんざくら》
春のお彼岸の頃にほかの桜より早く開花する桜。

＊17　チューリップ
早咲きは三月下旬から、遅咲きで五月までが開花時期。

＊18　こぶし
白色六弁の大きな花を咲かせ、春の訪れを告げる花木。

＊19　沈丁花《じんちょうげ》
早春に花を密集して咲かせ、甘い香りを放つ樹木。春の到来を告げる花。

＊20　ヒヤシンス
春に小さな花を総状に咲かせる草花。

＊21　つぐみ
日本で冬を越す冬鳥。秋に渡来し、春に北へ戻ります。

＊22　ひばり
春になると自分の縄張りを主張するため、鳴きながら天高く舞い上がります。

結びの言葉

上 **春まだ浅い**季節、暖かくしてお過ごしください。

上 **まだまだ寒さが続きます**ので、どうぞご自愛ください。

上 **春陽**のもと、穏やかにお過ごしくださいますように。

上 寒さはもう少しの辛抱です。元気に**明るい春**を迎えましょう。

中 **春の優しい日差し**のもと、お健やかにお過ごしください。

中 **思いがけず冷える日**もございますのでお気をつけください。

中 **桜のたより**が待ち遠しい頃、皆様どうぞお元気で。

中 **春風**とともに皆様に幸せが訪れることをお祈りいたします。

下 今年も**お花見**にご一緒できますことを楽しみにしております。

下 暖かい**春の風**に誘われて、お出かけを楽しみたいですね。

下 **年度末**で慌ただしい時期、お体にお気をつけください。

下 四月からの**新生活**、健やかにお過ごしください。

● **季節の変わり目**です。風邪など召されませぬように。

● **ものみな栄えゆく春**、皆様のご発展をお祈りしております。

● **春の訪れ**とともにますますのご活躍をお祈りしております。

＊23 ぼた餅
春に咲く牡丹の花に見立て、小豆などをまぶした餅。

＊24 のびる
野原や河原に自生する野草。にらのようなにおいで、鱗茎や若葉を食します。

＊25 ひな祭り／桃の節句
女の子のいる家庭でひな人形を飾り、菱餅、ひなあられ、桃花などを供えて祝う行事。

＊26 奈良のお水《みず》取《と》り
三月中旬に奈良の東大寺で催される行事。国の安泰と人々の幸福を祈り、霊水を本尊に供えます。

四月の書き出しと結び

別称

卯月《うづき》

卯花月《うのはなづき》、花残月《はなのこりづき》、夏初月《なつはづき》、余月《よげつ》、陰月《いんげつ》、清和月《せいわづき》など

書き出しの言葉

丁寧なあいさつ

上旬

桜花《おうか》…桜の花の季節。

清和《せいわ》…空が晴れてのどかな春の陽気。

春爛漫《はるらんまん》…春の花が咲き乱れる季節。

中旬

春風駘蕩《しゅんぷうたいとう》…春風が穏やかに吹いている。

春陽《しゅんよう》…春の日差し。

陽春《ようしゅん》…春の陽気が満ち溢れる。

下旬

麗春《れいしゅん》…ひなげしの別名。

晩春《ばんしゅん》…二十四節気の清明から穀雨まで。

惜春《せきしゅん》…春を惜しむ。

候 ＋ の ＋ 折

みぎり

日	暦・行事	二十四節気	七十二候
1	エイプリルフール	(春分)	**雷乃発声**［かみなりすなわちこえをはっす］春雷が聞こえだす頃
2			
3			
4		**清明**［せいめい］万物が清らかで生き生きとする頃	**玄鳥至**［つばめきたる］燕が南からやってくる頃
5			
6			
7			
8	花祭り		
9			
10			**鴻雁北**［こうがんかえる］がんが北へ渡る頃
11			
12			
13	十三参り		
14			
15			**虹始見**［にじはじめてあらわる］雨の後に虹が出始める頃
16			
17			
18			
19			
20		**穀雨**［こくう］春の雨に農作物が潤う頃	**葭始生**［あしはじめてしょうず］葭が芽を吹き始める頃
21			
22			
23	サン・ジョルディの日		
24			
25			**霜止出苗**［しもやんでなえいずる］霜が終わり稲の苗が生長する頃
26			
27			
28			
29	昭和の日		
30			(牡丹華)

一般的なあいさつ

暦

中 **清明**[*1]という暦通り、明るく清々しい季節となりました。

下 **穀雨**[*2]の訪れとともに、田植えや畑の種まきが始まりました。

下 もうすぐ待望の**ゴールデンウィーク**がやってきますね。
今年のご予定は立てられましたか。

下 **過ぎ行く春**を惜しむこの頃ですが、いかがお過ごしですか。

天候

上 **春の気配**がようやく整い、過ごしやすい日々が続いております。

上 ようやく**コートを脱いで**外出できる季節になりました。

上 ここ数日**花曇り**[*3]で太陽が見えませんが、いかがお過ごしでしょうか。

上 今日はあいにくの**杏花雨**[*4]となりました。

上 まさに**春宵一刻値千金**[*5]。夜のウォーキングを楽しんでいます。

上 いよいよ**春本番**を迎え、心も浮き立つ季節となりました。

中 **陽春**の穏やかな気候のもと、活動的に過ごされていると思います。

＊1 清明《せいめい》
二十四節気のひとつで、四月五日頃。「清浄明潔」の略で、晴れわたり光にあふれた気候のこと。

＊2 穀雨《こくう》
二十四節気のひとつで、四月二十日頃。穀物を潤す雨という意味。

＊3 花曇り《はなぐもり》
桜が咲く頃の薄曇りの天気。

＊4 杏花雨《きょうかう》
「杏花」はあんずの花のこと。あんずの花が咲く、清明の頃に降る雨を表す言葉です。

＊5 春宵一刻値千金《しゅんしょういっこくあたいせんきん》
花が盛りで月がおぼろにかすむ春の夜は、千金の価値があるほどすばらしいという意味。

(中) 遠くに見える **山の雪も解け**、すっかり春の景色となりました。

(中) **春めいてきて**、すべてが生き生きとしているように感じます。

○○様も、健やかにお過ごしのことでしょう。

(下) 一段と **暖かさが増し**、少し動くと汗ばむほどの陽気です。

(下) **そよ風** が心地よく、スポーツをするのによい季節ですね。

(下) 穏やかな **春の陽気** で、時間もゆっくり流れるようです。

● ゆらゆらと **陽炎**[*6] が立つ時季となりました。

● **春光** うららかな季節、いかがお過ごしですか。

● あいにくの **春雨**[*7] ですが、庭の花たちは喜んでいます。

● 穏やかな陽気に誘われ、**朧月夜**[*8] の散歩を楽しんできました。

花・植物

(上) **桜の花もほころび**、花見客で賑わう季節になりました。

(上) お花見に出かけ、**花衣**[*9] をまとってまいりました。

(上) 散歩中、折からの風に **桜吹雪** が舞い、幻想的な風景を楽しめました。

(上) **花の宴**[*10] たけなわの季節、どこかに出かけたくなります。

(上) 今年も **お花見** シーズンが到来。例年通りそわそわしています。

＊6 陽炎《かげろう》
空気のかたまりが太陽の光に揺れながら動き、地面から沸き立っているように見える現象。春の晴れた日によく見られます。

＊7 春雨《しゅんう》
↓50ページ参照

＊8 朧月夜《おぼろづきよ》
朧月(靄がかかって輪郭がはっきりしないまま、ぼうっと輝く月)が出ている夜。

＊9 花衣《はなごろも》
桜の花びらが散り人にかかるのを衣に見立てた様子。または、花見のときに着る晴れ着。

上 **春爛漫**[*11] の気持ちのよい季節となりました。
ご家族の皆様も、お元気でお過ごしでしょうか。

上 川面に流れる **花筏**[*12] を見ていると、時間が経つのを忘れます。

上 この季節は **花明かり**[*13] で、通勤帰りも心浮き立ちます。

中 先日来の風で桜の花が散り、すっかり **葉桜**[*14] になりました。

中 川辺の **柳** が青々として、すっかり春らしい陽気となりました。

下 **花の盛り** がいつの間にか過ぎており、少しさびしい気持ちです。

下 **山笑う**[*15] 季節となり、ますますご健勝のこととお慶び申し上げます。

下 あでやかな **牡丹**[*16] の花が咲き、我が家に色を添えてくれました。

下 今年は桜を見に行かれましたか。
のんびり屋の私は、**八重桜**[*17] で遅めのお花見を楽しんでいます。

● 道端に **なずな** を見つけ、孫と鳴らして遊びました。
ペンペンという音に懐かしく耳を傾けた春のひとときです。

いきもの

● 今年も **燕**[*18] が軒先に巣をつくりました。

● 学校の池で **おたまじゃくし** を見つけたと、子どもが喜んでいます。

＊10 花《はな》の宴《えん》
季節の花、主に桜の花を観賞しながら飲食を楽しむ宴。お花見。

＊11 春爛漫《はるらんまん》
春になって花が咲き乱れている様子。

＊12 花筏《はないかだ》
水面に散り落ちた桜の花びらが連なって流れていく様子を、筏に例えた言葉。

＊13 花《はな》明《あ》かり
満開の桜の木の周辺は、夜でもほのかに明るく感じられること。

＊14 葉桜《はざくら》
花が散り、若葉の出始めた桜。

＊15 山《やま》笑《わら》う
木々から新芽や若芽が出て、山全体が明るくなった様子。

● 近所で**猫の子**[*19]が生まれたらしく、かわいい鳴き声が聞こえてきます。

食

上 桜の花を見ながら**桜餅**を堪能する、贅沢な時間を過ごしました。

下 やわらかな**春キャベツ**が出回るようになり、春を感じています。

下 路地物の**いちご**がおいしい季節。さっそくジャムをつくりました。

● 毎年の恒例となっている**たけのこ狩り**に行ってきました。

● この時季ならではの**新玉ねぎ**[*20]で、玉ねぎ料理を楽しんでいます。

● 新鮮な**グリンピース**[*21]でつくる豆ごはん、今だけの楽しみですね。

風物

上 お子様が**門出**の時期を迎え、何かとお忙しいことと存じます。

上 **入学シーズン**を迎え、初々しい新入生の姿を見かけます。

上 今日は**花祭り**[*22]。きれいに飾られた花御堂《はなみどう》を見てきました。

下 転勤されてもうすぐ一か月。**新しい職場**には慣れましたか。

● **新社会人**として希望にあふれる日々をお過ごしのことと思います。

● **大きなランドセル**を背負った一年生の姿がほほえましいです。

＊16 牡丹《ぼたん》
大きく薄い花びらを幾重にも重ね、毬《まり》のようにまとまった花を咲かせる樹木。

＊17 八重桜《やえざくら》
花びらが八重になっている桜の総称。四月上旬から五月上旬頃まで楽しめます。

＊18 燕《つばめ》
春になると子育てのために南方から渡ってきて、秋になると南方に帰ります。渡ってくる時期は地域で異なり、九州は二月下旬、北海道は五月上旬頃です。

＊19 猫の子
猫は通年子どもを産みますが、春の出産が多く「猫の子」は春の季語です。

＊20 新玉ねぎ
一般的な玉ねぎは通年出回っていますが、採れたてをすぐに出荷する新玉ねぎを味わえるのはこの時季のみ。

結びの言葉

上 **年度初め** は何かと忙しいと思いますが、ご無理をされませんように。

上 **満開の桜** も〇〇さんの門出を祝福しています。どうぞお元気で。

上 朝晩は **肌寒い** 日もありますので、どうぞご自愛ください。

上 **花冷え**＊23 の折、くれぐれもお体を大切に。

上 **新天地** でもますますのご活躍をご祈念いたします。

中 **春色濃く** なる時季、皆様のご多幸をお祈りいたします。

中 **夜も暖かく** なりましたが、風邪を引かないようにご注意ください。

中 **春たけなわ** のよい季節となりました。一度お立ち寄りください。

中 **春光満ちわたる** 季節、お元気にお過ごしください。

下 ご家族そろって楽しい **ゴールデンウィーク** をお過ごしください。

下 **連休** は好天に恵まれるとか。お土産話をお待ちしております。

下 **環境が変わった** 疲れが出る頃ですので、健康にご留意ください。

● **心地よい季節** ですが、お体にはお気をつけくださいますように。

● **花咲き誇る** 季節、実り多い日々をお過ごしください。

● **穏やかな日和** が続きます。ぜひ皆様で遊びにいらしてください。

＊21 グリンピース
グリンピースはほとんどが露地栽培のため、生のものが流通するのは旬の時季(四～六月)に限られます。

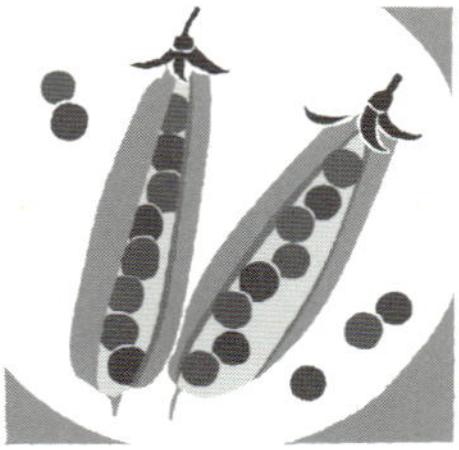

＊22 花祭り
四月八日のお釈迦様の誕生日に行われる仏教のお祭り。花御堂(さまざまな花で屋根を飾った小さなお堂)の中に仏像を安置します。

＊23 花冷《はなび》え
桜が咲く頃、一時的に寒くなること。

五月の書き出しと結び

別称

皐月《さつき》

早苗月《さなえづき》、菖蒲月《あやめづき》、橘月《たちばなづき》、雨月《うげつ》、五月雨月《さみだれづき》、仲夏《ちゅうか》など

書き出しの言葉

丁寧なあいさつ

上旬

若葉《わかば》…萌え出たばかりの葉。

立夏《りっか》…五月五日頃。夏の始まり。

初夏《しょか》…二十四節気の立夏から小満まで。

中旬

新緑《しんりょく》…若葉のみずみずしい緑。

緑風《りょくふう》…青葉を吹きわたる初夏の風。

薫風《くんぷう》…若葉の香りを漂わせて吹く初夏の風。

下旬

藤花《とうか》…藤の花。

薄暑《はくしょ》…初夏の頃、少し感じる程度の暑さ。

万緑《ばんりょく》…見渡すかぎり緑であること。

＋の＋

候

みぎり

折

※第2日曜日＝母の日

日	暦・行事	二十四節気	七十二候
1	メーデー	（穀雨）	**牡丹華**［ぼたんはなさく］牡丹の花が咲き始める頃
2	八十八夜		
3	憲法記念日		
4	みどりの日		
5	こどもの日・端午の節句	**立夏**［りっか］夏の始まり	**竈始鳴**［かわずはじめてなく］蛙が鳴き出す頃
6			
7			
8	世界赤十字デー		
9			
10			**蚯蚓出**［みみずいずる］ミミズが這い出してくる頃
11			
12			
13			
14			
15	葵祭		**竹笋生**［たけのこしょうず］たけのこが生えてくる頃
16			
17			
18			
19			
20			
21		**小満**［しょうまん］すべてのものが成長し、次第に天地に満ちあふれる頃	**蚕起食桑**［かいこおきてくわをはむ］蚕が食べる桑の茂る頃
22			
23			
24			
25			
26			**紅花栄**［べにはなさかう］紅花の咲く頃
27			
28			
29			
30			
31			（麦秋至）

一般的なあいさつ

暦

上「夏も近づく**八十八夜**[*1]……」と、つい口ずさんでいました。

上 ご家族おそろいで、**五月の連休**を楽しまれていることと思います。

上 **母の日**[*2]も近づき、生花店にカーネーションの花があふれています。

上 **行く春**が惜しまれる今日この頃、お変わりないでしょうか。

中 **ゴールデンウィーク**の賑わいもようやく落ち着き、穏やかな日々が戻ってまいりました。

中 **立夏**[*3]を迎え、どことなく夏めいてまいりました。

中 **暦のうえではもう夏**となりましたが、いかがお過ごしでしょうか。

天候

中 清々しい**五月晴れ**[*4]の空に木々の緑が美しい季節ですね。

中 **薫風**が心地よい季節となりましたが、お変わりありませんか。

下 日中は**汗ばむほどの陽気**に半袖で過ごすことも多くなりました。

下 **ひと雨ごとに**木々の緑が濃くなる今日この頃です。

＊1　八十八夜《はちじゅうはちや》
立春から数えて八十八日目で、五月二日頃。茶摘みの最盛期で、この日に摘んだお茶を飲むと長生きできるとされてきました。例文のフレーズは、唱歌「茶摘み」の冒頭の歌詞。

＊2　母の日
五月の第二日曜日。二十世紀初頭にアメリカで、ある少女が母親の命日に白いカーネーションを飾ったのが始まりといわれています。

下 早くも**梅雨の走り**[*5]でしょうか、雨の日が続いていますが、お元気にお過ごしのことと存じます。

● **穏やかな日差しの日**が続いておりますが、お元気でいらっしゃいますか。

● **暑くも寒くもない**過ごしやすい季節となりました。

花・植物

上 ブルーの**ネモフィラ**[*6]の花が丘をおおい尽くす公園へ出かけました。写真集で見るような素晴らしい光景に、心癒された連休です。

上 **藤**[*7]の名所へ出かけ、美しい藤の花のトンネルをくぐりました。

上 **山吹**[*7]清らかに**藤**[*7]の花ほのかに咲いて、新緑に彩りを添える頃となりました。

上 春の雨も上がり、空を隠すほど**新緑**が茂ってまいりました。

上 **若葉**の緑も清々しい今日この頃ですが、お変わりございませんか。

中 色鮮やかな**つつじ**が、新緑にひときわ映えています。

下 見頃を迎えた**バラ**園へ足を運びました。甘い香りに包まれた華やかな園は、夢のような空間でした。

＊3　立夏
二十四節気のひとつで、五月五日頃。立夏から立秋（八月七日頃）の前日までが暦のうえでの「夏」。

＊4　五月晴《さつきば》れ
晴れわたった五月の空のこと。

＊5　梅雨の走り
梅雨に入る前のぐずついた天気のこと。「走り」は、何かの先駆けとなるもの。

＊6　ネモフィラ
青い小さな花を咲かせる草花。丘一面がブルーに染まる茨城県のひたち海浜公園は、近年ゴールデンウィークの風物詩。

下 すいかずら[*8]の花がうっとりするような甘い香りを放っています。

下 黄金色に輝く麦の穂[*9]を揺らして、心地よい風が吹き抜けていきます。

● 青葉越しに眺める空が、いっそう青く輝いています。

● 美しい木々を眺めながら、「あらたふと青葉若葉の日の光[*10]」という芭蕉の句を思い出していました。

● 愛らしいすずらんの花が、心地よいそよ風に揺れていました。

いきもの

中 新緑まぶしい木々の上から、ほととぎすのさえずりが聞こえて、季節の移ろいを感じさせてくれます。

下 子どもの頃、田植えの終わった水田から賑やかな蛙の合唱を聞いていたのは今頃の時季だったでしょうか。

● 「目には青葉　山ほととぎす　初がつお[*11]」などと申しますが、心も明るくなる季節ですね。

食

● 新茶[*12]の香りに心なごむ季節ですね。

＊7　山吹／藤
山吹は四～五月に開花する花木。藤は四月下旬～五月中旬に開花するツル植物。随筆『徒然草』で、吉田兼好は「山吹の清げに藤のおぼつかなきさましたる」と春の趣を綴っています。

＊8　すいかずら
山野に自生するツル草。初夏、白から黄色に変わる芳香のある花を咲かせます。

＊9　麦の穂
麦の収穫は夏。初夏、黄金色に実った麦の穂が輝き、刈り入れが近いことを知らせます。

＊10「あらたふと青葉若葉の日の光」
江戸の俳人・松尾芭蕉が『奥の細道』の旅の途中、日光山の青葉若葉に照りわたる日の光を詠んだ句。

● 今夜は**たけのこ**ごはんで、季節の香りを堪能しました。

● **初がつお**のたたきに旬の薬味をたっぷり添えて、季節の味覚を楽しみました。

● 翡翠色の**そら豆**を口に含み、初夏の味わいを感じています。

● ご近所から立派な**うど**をいただき、酢味噌で和えていただきました。

● 新緑を思わせる**アスパラガス**の緑が、食卓を彩ってくれています。

風物

上 五月晴れの空に、**鯉のぼり**が気持ちよさそうに泳いでいます。

上 **端午の節句**[*13]に武者人形を飾ってお祝いしましたが、子どもたちは**柏餅**や**ちまき**のほうがお気に入りのようでした。

上 今夜は**菖蒲湯**[*14]に浸かって、大人たちも元気をもらいました。

上 ゴールデンウィーク、家族そろって**潮干狩り**に出かけました。予想以上の大漁に大喜びしています。

中 京都・**葵祭**[*15]のニュースに、ちょっと雅な気分に浸っております。

下 そろそろ**セパ交流戦**[*16]も始まり、プロ野球もますます白熱してくる時期ですね。

下 近くの小学校から、**運動会**の練習をする子どもたちの元気な声が聞こえてきます。

＊11 「目には青葉山ほととぎす初がつお」
江戸の俳人・山口素堂《そどう》が、「目には青葉の色、耳にはほととぎすの声、口には初がつおの味わい」と、初夏の風物を詠んだ有名な句。

＊12 新茶
四月末～五月中旬に摘まれたお茶をいい、八月頃まで出回ります。

＊13 端午《たんご》の節句
現在は「こどもの日」と呼ばれる国民の祝日。菖蒲やよもぎで邪気を払い、柏餅を食べます。男の子のいる家庭では、鯉のぼりを立て、武者人形や鎧を飾って、健やかな成長を願います。

結びの言葉

上 この連休、わが家の**つつじ**も見頃を迎えています。お時間があったらぜひ見にいらしてくださいね。

中 **ゴールデンウィーク**のお疲れがそろそろ出る頃かもしれませんね。体調を崩されませんようにお気をつけください。

中 どうかお健やかに、**風薫る季節**を満喫なさってください。**新緑がまぶしい季節**、ますますのご活躍を期待しております。

下 この季節、美しくかぐわしく咲き誇る**バラの花**のように、私たちの未来もバラ色でありますように。

下 **薄暑**の折から、健康にご留意なさってください。

下 **梅雨が近い**のでしょうか。はっきりしないお天気が続いておりますが、どうぞお体おいといください。

- **外出に気持ちよい季節**、近いうちにぜひお会いしましょう。
- **季節の変わり目**ですので、お体をお大事になさってください。
- **清々しい気候**です。わが家にもどうぞお出かけください。
- **過ごしやすい季節**とはいえ、くれぐれもご無理をなさいませんように。

＊**14　菖蒲湯《しょうぶゆ》**
端午の節句には、子どもの無病息災を願って、湯ぶねに菖蒲を入れて入浴する習わしがあります。香りのよい菖蒲が邪気を払い、厄難を除くといわれます。

＊**15　葵祭《あおいまつり》**
五月十五日に行われる京都・下鴨神社と上賀茂神社のお祭り。平安絵巻を思わせる風流なお祭りで、京都の初夏の風物詩のひとつ。

＊**16　セパ交流戦**
プロ野球のセントラル・リーグとパシフィック・リーグの間で行われるインターリーグ。

六月の書き出しと結び

別称

水無月《みなづき》

葵月《あおいづき》、風待月《かぜまちづき》、涼暮月《すずくれづき》、常夏月《とこなつづき》、旦月《たんげつ》、皆仕月《みなしつき》など

書き出しの言葉

丁寧なあいさつ

上旬

入梅《にゅうばい》…梅雨入りすること。

麦秋《ばくしゅう》…麦の刈り入れをする季節。

中旬

芒種《ぼうしゅ》…六月五日頃。穀物の種をまく適期。

仲夏《ちゅうか》…二十四節気の芒種から夏至まで。

梅雨《ばいう》…梅雨《つゆ》。

長雨《ながあめ》…長く降り続く雨。

下旬

短夜《みじかよ》…夜が短くなっていく時季。

向暑《こうしょ》…暑い時季に向かうこと。

向夏《こうか》…夏に向かうこと。

＋

の

＋

候

みぎり

折

※第3日曜日＝父の日

日	暦・行事	二十四節気	七十二候
1	衣替え	（小満）	**麦秋至**［むぎのときいたる］麦が実り、刈り入れの時期を迎える頃
2			
3			
4			
5		**芒種**［ぼうしゅ］穀物の種をまく適期	**蟷螂生**［かまきりしょうず］カマキリが生まれる頃
6			
7			
8			
9			
10	時の記念日		
11			**腐草為蛍**［くされたるくさほたるとなる］枯れ草の下から蛍が生ずる頃
12			
13			
14			
15			
16	和菓子の日		**梅子黄**［うめのみきばむ］梅の実が黄色に色づく頃
17			
18			
19			
20			
21		**夏至**［げし］太陽がもっとも高く上る日	**乃東枯**［なつかれくさかるる］乃東《だいとう》（夏枯草）が枯れる頃
22			
23	沖縄慰霊の日		
24			
25			
26			**菖蒲華**［あやめはなさく］あやめの花が咲く頃
27			
28	貿易記念日		
29			
30	大祓		

一般的なあいさつ

暦

上 もうすぐ**父の日**[*1]を迎えますね。贈り物はもう決められましたか。

上 **鮎の解禁日**[*2]を迎え、釣りに出かけるのが今から楽しみです。

中 梅雨が明ければ、**海開き**はもうすぐですね。

下 **父の日**[*1]に父の大好きな○○を送り、日頃の感謝の思いを伝えました。

下 **夏至**[*3]を迎え、日が長くなりましたね。

● 梅雨晴れの先日、幸せそうな**ジューンブライド**を見かけました。

天候

上 木々の葉に、しとしとと**雨が当たる音**が聞こえます。

上 **入梅**も間近となりましたが、皆様ご健勝のことと存じます。

中 **梅雨**[*4]入りしたというものの、今年は例年より雨が少ないそうですね。

中 **入梅**の折から、**蒸し暑さ**が続く季節です。

中 **長雨**に閉じ込められた毎日ですが、
○○様にお手紙をさし上げたくなりました。

＊1　父の日
六月の第三日曜日。アメリカ発祥の文化で世界各国に伝わっていますが、日程は国によって異なります。

＊2　鮎の解禁日
一般に六月一日が解禁日。鵜匠《うしょう》による鮎漁「鵜飼《うかい》い」は初夏の風物詩。

＊3　夏至
二十四節気のひとつで、六月二十一日頃。北半球で昼がもっとも長い日。

＊4　梅雨《つゆ》
六月〜七月中旬に続く長雨や、その季節のこと。北海道を除く日本各地で梅雨があります。

（中）**梅雨空**が続く毎日ですが、いかがお過ごしですか。

（中）**梅雨**に入り、じめじめと汗ばむ日が続いていますね。

（中）いよいよ**梅雨入り**しましたが、お元気でお過ごしのことと存じます。

（中）今年は**空梅雨**[*5]のようで、連日好天が続いていますね。

（中）**梅雨**の晴れ間に見えた久しぶりの青空に、心躍っています。

（中）**雨音**をＢＧＭに、読書で雨籠もりをしております。

（下）こちらは**梅雨**が明けたかのような、夏の日差しが降り注いでおります。

（下）まだ**梅雨は明けません**が、気温も上がり体調管理の難しいこの頃です。

（下）**梅雨明け**が待たれる毎日ですが、お元気でいらっしゃいますか。

（下）まだ六月の末とはいえ、**厳しい暑さ**に驚いております。

（下）**梅雨《ばいう》前線**が停滞しているようで、今年の梅雨は長引きそうですね。

（下）**梅雨が明け**、夏を迎える前の清々しい季節を迎えました。

● **五月雨**[*6]のなかにも、**初夏**の気配が少しずつ漂ってまいりました。

● 吹く風もどこか**夏めいて**まいりました。

花・植物

（上）梅雨の季節を迎え、庭の**あじさい**が色づき始めました。

＊5　空梅雨《からつゆ》
梅雨入りしたものの、雨の量がきわめて少ないか、またはほとんど降らないこと。

＊6　五月雨《さみだれ》
梅雨のこと。

＊7　梅の実
花は一月下旬から四月頃に咲き、実は梅雨どきに収穫します。梅の実が熟す頃の長雨なので、「梅雨」と書くようになったという説もあります。

＊8　ざくろ
六月に朱色の花が咲き、秋に実が成る樹木。

中 重い雲の晴れ間にのぞく陽の光のおかげで、**梅の実**[*7]が色づき始めました。

中 梅雨の合間のやわらかな日差しが、**若葉**に降り注いでおります。

● 霧雨に濡れた**あじさい**を見ていると、雨もなかなかよいものですね。

● あざやかな朱色の**ざくろの花**[*8]が目を楽しませてくれています。

● 水辺の**花菖蒲**[*9]がいっそう美しく見える季節です。

● **くちなし**[*10]の花の甘い芳香がただよう季節です。

● 梅雨でも気持ちは華やかにしたく、**百合**[*11]を玄関に飾りました。

● **山の木々**も雨に打たれて、ひときわ色を深めてまいりました。

いきもの

上 清流に**若鮎**の躍る季節となりました。

中 雨に濡れた葉の上に、久しぶりに**かたつむり**を見かけました。

中 **蛍**が川面を舞い踊る幻想的な光景を見に行ってまいりました。

● 水たまりの水面を**アメンボ**が楽しそうに滑る季節となりました。

食

上 かわいらしい**さくらんぼ**を味わえる季節が今年もやってきました。

＊9　花菖蒲《はなしょうぶ》
梅雨どきに咲く代表的な草花のひとつで、水辺で育ちます。花色は青、紫、ピンク、白、黄などで、〝色彩の魔術師〟と呼ばれるほど多彩です。

＊10　くちなし
六～七月に真っ白な花を咲かせる樹木。むせかえるほどの甘い香りをはなちます。

＊11　百合《ゆり》
夏に白、黄、橙などの大きな花を咲かせる草花。

(下) 店頭で見かけた**あんずの実**＊12で、ジャムをつくってみました。

● 今年も庭で採れた**梅**を瓶に詰め、梅酒をつくりましたよ。

風物

(上) 都会の街にも色とりどりの**傘の花**が咲き、いよいよ長雨の季節ですね。

(上) 今年も**麦の刈り入れ**＊13の季節を迎えました。

(中) **衣替え**を終え、夏の装いが目につくようになりましたね。

(下) そろそろ**海や山**が恋しく思われる季節です。

(下) 旅先の神社で**茅の輪くぐり**＊14をし、無病息災を願ってきました。

● 幼い子どもたちのかわいらしい**雨がっぱ姿**は、うっとうしい梅雨空の一服の清涼剤ですね。

● ご近所の軒先に**てるてる坊主**がぶら下がっているのを見かけました。

● **洗濯物**がなかなか乾いてくれない毎日が続いております。

● **雨後の新緑**がひときわ濃く感じられる今日この頃です。

● 田んぼに水が張られ、**田植え**の準備が進められているようです。

● 田んぼに**若苗**が並ぶ季節となりました。

＊12 あんずの実
英語で「アプリコット」。春に花が咲き、実が熟すのは六月。生の実は酸味が強いですが、甘く煮て料理やお菓子に使用したり、ジャムの材料としても使われます。

＊13 麦の刈り入れ
六月は麦の収穫の季節です。書き出しの丁寧なあいさつとして紹介した「麦秋の候」の「秋」の字には「収穫する」という意味があり、「麦秋」は麦を収穫する季節＝初夏を表しています。

結びの言葉

上 今日は梅雨の合間の**麦嵐**[*15]でしたが、どうぞご自愛専一に。

中 思わぬ**梅雨寒**[*16]が続いております。お風邪など召されませぬよう。

中 **梅雨空**が続きますが、一緒にあじさいを見に行きたいですね。

中 **うっとうしい時節柄**、どうぞお体にはお気をつけください。

中 **長雨が続き**体調を崩しやすい季節です。健康にはご留意ください。

中 長雨も水不足解消と思えば**恵みの雨**。梅雨どきにはたくさん降ってもらって、水あふれる夏を迎えたいですね。

下 **梅雨が明ければ夏本番**。お互い元気に夏を迎えましょう。

下 **日増しに暑く**なってきておりますので、お元気でお過ごしください。

下 **梅雨が明け**たら一緒に**海水浴やバーベキュー**へ行けるとよいですね。

下 **梅雨明け**が待ち遠しい今日この頃。お健やかにお過ごしください。

● **すっきりしない毎日**が続きますが、お体おいといください。

● **季節の変わり目**ですので、どうぞご自愛くださいませ。

● まだ六月というのに、**例年になく早い夏**が到来しています。**蒸し暑さ**に負けず、ご健勝にお過ごしください。

＊14 茅《ち》の輪くぐり
別名、「夏越《なごし》の祓《はらえ》」「名越の祓」。茅(ち＝かや)とは、茅《ち》、萱《がや》、菅《すげ》、すすきなどの総称で、茅を束ねてつくった大きな輪をくぐり、罪や穢《けが》れ、邪気などを祓い清める神事です。各地の神社で六月三十日頃に行われます。

＊15 麦嵐《むぎあらし》
六月の麦の実りの頃に吹く強い風のこと。

＊16 梅雨寒《つゆざむ》
別名「梅雨冷え」。梅雨の合間に訪れる季節はずれの寒さのこと。

七月の書き出しと結び

別称
文月《ふみづき》
七夕月《たなばたづき》、女郎花月《おみなえしづき》、七夜月《ななよづき》、秋初月《あきはづき》、新月《しんげつ》、桐月《どうげつ》など

書き出しの言葉

丁寧なあいさつ

上旬

小暑《しょうしょ》…七月七日頃。本格的な暑さを迎える。
盛夏《せいか》…梅雨明け後の本格的な夏。

中旬

三伏《さんぷく》…暑い盛り。
猛暑《もうしょ》…激しい暑さ。
驟雨《しゅうう》…急に降って短時間で止む雨。

下旬

厳暑《げんしょ》…厳しい暑さ。
大暑《たいしょ》…七月二十三日頃。厳しい暑さ。
灼熱《しゃくねつ》…焼けつくように暑いこと。
炎暑《えんしょ》…焼けつくような厳しい暑さ。

＋の＋
候
みぎり
折

※第3月曜日＝海の日

日	暦・行事	二十四節気	七十二候
1	海開き・山開き	(夏至)	(菖蒲華)
2			**半夏生**［はんげしょうず］半夏(烏柄杓という草)が生える頃
3			
4			
5			
6			
7	七夕	**小暑**［しょうしょ］暑さが極まる前段階	**温風至**［あつかぜいたる］暖まった夏風が吹く頃
8			
9			
10			
11			
12			**蓮始開**［はすはじめてひらく］蓮の花が咲き始める頃
13			
14			
15	お盆		
16	藪入り		
17			**鷹乃学習**［たかすなわちわざをならう］鷹の幼鳥が巣立ちの準備をする頃
18			
19			
20	土用の入り		
21			
22			
23	文月ふみの日	**大暑**［たいしょ］暑さがもっとも厳しい頃	**桐始結花**［きりはじめてはなをむすぶ］桐が結実し始める頃
24			
25			
26			
27			
28			**土潤溽暑**［つちうるおうてむしあつし］土が湿って蒸し暑くなる頃
29			
30			
31			

一般的なあいさつ

暦

上 今日は**半夏生**＊1。早いものでもう一年も折り返し点です。

上 **七夕**の笹飾りが風に踊っています。
ご家族の皆様は、お変わりなくお過ごしでしょうか。

上 **小暑**＊2を迎え、いよいよ夏らしい日差しになってきました。

上 待ち望んでいた**山開き**＊3を迎えました。

中 暦のうえでは**暑中**＊4ですが、今年は戻り梅雨のような日々が続きますね。

中 そろそろ子どもたちは**夏休み**を迎えますが、予定は立てられましたか。

下 **大暑**＊5を迎え、いよいよ夏本番。
皆様お変わりなくお過ごしのことと存じます。

下 久しくお会いしないうちに**炎暑**の夏となりましたが、お元気ですか。

天候

上 夜空に輝く**天の川**が美しい季節となりましたね。

中 いよいよ**梅雨が明け**、緑がますます色濃く感じられるこの頃です。

＊1 半夏生《はんげしょうず》
七十二候のひとつで、七月二日頃。半夏(烏柄杓《からすびしゃく》)という草が生える頃。田植えはこの頃までに終わらせるものとされています。

＊2 小暑《しょうしょ》
二十四節気のひとつで、七月七日頃。暑さが増してきているけれど、まだピークではない時季のことを表します。

＊3 山開き
その年の最初に、山を登山者に開放すること。古来、山岳信仰により霊山などでは一般人の入山は禁止されていましたが、夏の一定期間のみ、その禁を解いた習慣がありました。現在では、スポーツ登山の開始を山開きといいます。

中 **梅雨明け**の暑さはひとしおですが、いかがお過ごしですか。

中 **猛暑到来**となりましたが、お元気でお過ごしでしょうか。

中 **通り過ぎたはずの梅雨**がまた戻ってきたような雨模様の日々です。

中 日ごとに**日差しが強く**なり、木陰を探して歩く季節となりましたね。

中 例年にない**厳しい暑さ**が続いておりますが、
すでに夏バテなどしていませんか？

中 暑さ厳しい日々に、時折の**驟雨**＊6がひとときの涼を残してくれます。

中 先日の**白雨**＊7が、連日の暑さのなかにも
涼しさを感じさせてくれました。

中 **太陽**が容赦なく照りつける毎日に、外出もつい控えがちです。

下 こちらは**梅雨明け**と同時に**猛暑**が続いておりますが、
皆様お元気にお過ごしでしょうか。

下 **寝苦しい夜**も増えてきましたが、お変わりありませんか。

花・植物

上 **百日紅**＊8の花が咲き始めました。いよいよ夏本番ですね。

上 朝早くに散歩すると、軒先の**朝顔**がかわいらしい姿を見せてくれます。

＊4 暑中
二十四節気の小暑、大暑の期間のこと。暑中見舞いはこの期間に出します。これを過ぎると立秋に入り、残暑見舞いを出します。

＊5 大暑《たいしょ》
二十四気のひとつで、七月二十三日頃。暦のうえで一年でもっとも暑い時季です。

＊6 驟雨《しゅうう》
急に降り出して、しばらくすると急に止む雨。にわか雨、夕立ち。

＊7 白雨《はくう》
短時間だけ降る雨。にわか雨、通り雨。

＊8 百日紅《さるすべり》
暑さの厳しい時季、紅または白の花を百日近く咲かせる樹木。なめらかな木肌が名前の由来です。

上 鮮やかなオレンジ色の**ほおずき**[*9]を一鉢、**ほおずき市**[*10]で求めました。

中 **ひまわり**が日に日に背を伸ばすこの頃、皆様お元気でしょうか。

中 公園の池に**睡蓮**[*11]の花が咲き、七月らしさを感じさせてくれます。

● 日が沈む頃、**夕顔**[*12]が白い花を咲かせる季節となりました。

● 散歩の折、色とりどりの鮮やかな**グラジオラス**[*13]を見かけました。

いきもの

下 一歩外へ出ると大音量の**セミ**の鳴き声に包まれ、本格的な夏を感じております。

下 夏も盛りを迎え、**蝉時雨**[*14]の季節となりましたね。

下 夏休みに入り、息子は**カブトムシ**を捕まえると張り切っています。

食

上 店頭に「**冷やし中華**はじめました」ののぼりがはためく季節ですね。

中 キンキンに冷えた**生ビール**がおいしい陽気となりました。

中 店頭で**スイカ**を見かけるようになりました。いよいよ夏本番ですね。

下 ベランダで育てている**ミニトマト**が鈴なりに実りました。

＊9　ほおずき
ナス科の草花。オレンジ色のがくが袋状に実を包み、提灯のような姿をしています。

＊10　ほおずき市
ほおずきの季節に合わせて開催される市。ほおずきを売る市。東京都台東区の浅草寺《せんそうじ》の市が有名で、七月九日、十日に立ちます。

＊11　睡蓮《すいれん》
水面に白やピンクなどの花を咲かせる水草。昼咲きと夜咲きがあり、昼咲きは朝から昼にかけて花が開くため、夏の朝を表す言葉として使われます。

● したたる果汁とやわらかな果肉。旬の**桃**を毎日のように食べています。

風物

上 色とりどりの**短冊をつけた笹**に、私も家族の健康を願いました。

上 肌にプチッと腫れた赤みを見つけ、**蚊取り線香**を取り出しました。

上 地元で**高校野球**[*15]の予選が始まり、真っ黒に日焼けした近所の球児に夏の訪れを感じます。

中 **浴衣や水着**、そろそろ夏の準備は始められましたか。

下 **夏休み**に入り、公園で**水遊び**をする子どもたちの楽しげな声が聞かれる季節となりました。

下 ふるさとの**夏祭り**が懐かしく思い出される季節となりました。

下 夕暮れとともに聞こえてくる**盆踊り**の音頭。夏祭りに向け、子どもたちが練習中のようです。

下 **水辺**の恋しい季節となりましたが、どこかへ出かけられましたか。

下 田んぼは一面の緑。稲の**青田波**[*16]を眺めるとさわやかな気持ちになります。

● **風鈴**の音に懐かしい日本の夏を感じます。

● **金魚模様の浴衣**を着た少女を見かけ、涼やかな気持ちになりました。

＊12 夕顔
朝顔や昼顔とは別のウリ科のツル植物。名前の通り夏の夕方に咲いて朝にはしぼんでしまうので、どこかはかなさも漂わせます。

＊13 グラジオラス
七月に朱や赤、ピンク、紫などの花を咲かせる草花。長い穂先に上から下まで花が並ぶ華やかさから、切り花としても人気があります。

＊14 蝉時雨《せみしぐれ》
暑さをかき立てるように多くのセミが一斉に鳴く声を、通り雨に見立てた表現。本格的な夏の訪れを告げる言葉です。

結びの言葉

- 上 **小暑**＊2を過ぎると暑さ厳しい毎日が続きます。くれぐれもお大事に。
- 上 あなた様のこの夏が楽しいものになるよう、**天の川**にお祈りします。
- 上 **盛夏**のみぎり、どうぞ素晴らしい夏を過ごされますように。
- 中 これからの**猛暑**が思いやられますが、無理をせずお過ごしください。
- 中 **本格的な暑さ**に向かいます折、ご自愛のほどお祈り申し上げます。
- 中 **夏休み**にはぜひ、ご家族でこちらへお寄りくださいね。
- 中 これからが**夏本番**。くれぐれもご自愛くださいませ。
- 下 **炎暑**厳しい折、どうぞご無理だけはなさらぬようご用心ください。
- 下 **例年にない暑さ**が到来しています。酷暑に負けず、ご自愛専一に。
- 下 **酷暑**で食も細くなりがちですが、元気に夏を乗り切ってくださいませ。
- 下 **厳しい暑さ**です。お互い夏バテに気をつけましょうね。
- 下 **うだるような暑さ**が続いておりますが、健康にはご留意ください。
- お健やかに**夏を乗り切られます**よう、心よりお祈り申し上げます。
- **夏風邪**などひかれぬよう、お健やかにお過ごしください。
- **冷たいもの**の食べすぎにはご注意を。元気に夏を過ごしましょう。

＊15 高校野球
正式名称「全国高等学校野球選手権大会」。兵庫県の阪神甲子園球場で行われ、単に「甲子園」と略称されることもあります。毎年七月を中心に、各地区で予選が行われます。

＊16 青田波《あおたなみ》
苗が生長し、青々とした緑一面の田んぼのことを「青田」といいます。その青田の上を風が吹き、波打つ様子が「青田波」です。

七〜八月の季節のおたより

暑中見舞いの文例

暑中お見舞い申し上げます。

ことのほか暑さ厳しい今日この頃ですが、お変わりなくお過ごしのことと存じます。

暑すぎる夏はもう慣れてしまったようで、おかげさまで、私たち家族はみな元気に過ごしております。

○○様もお子様の夏休みを間近に控え、夏の計画を練っておられることでしょう。こちらは東京よりは涼しいかと思います。近くにいらっしゃることがありましたら、ご連絡くださいね。

ご家族の皆様が夏を楽しく過ごされるようお祈りしております。

元号○○年盛夏

書き方のポイント

暑中見舞いは二十四節気の小暑、大暑の期間中(七月八日頃〜八月六日頃)の暑い盛りに出します。

大暑を過ぎ、立秋(八月七日頃)を迎えて出すのは残暑見舞いです。白露(九月七日頃)の前日までに届くようにします。

一般的には慣用句の「暑中お見舞い申し上げます」で始め、〈**時候のあいさつ→相手の近況伺い→自分の近況報告(親しい相手のみ)→相手の健康への気遣い→日付**〉の順です。

暑中見舞いの書き出し

● 暑中お見舞い申し上げます。厳しい暑さが続いておりますが、皆様いかがお過ごしでしょうか。

● 盛夏お伺い申し上げます。皆様健やかにお過ごしのことと思います。

● 炎暑お伺い申し上げます。息もつけない暑さですね。

● 梅雨明けとともに猛烈な暑さに見舞われていますね。

● 暑さ誠に厳しき折、ご息災のこととお喜び申し上げます。

● 暑さ日増しにつのるこの頃、皆様お変わりありませんか。

● 炎暑の毎日が続きますが、皆様お元気でしょうか。

● このところ本格的な暑さが続いておりますが、お変わりなくお過ごしのことと思います。

● 酷暑のなか、どこか涼しいところへ夏の計画をお考えでしょうか。

● 寝苦しい夜が続いておりますが、皆様いかがお過ごしでしょうか。

● うだるような暑さが続いておりますが、お体崩されていませんか。

● 今年は冷夏とのことで、今ひとつはっきりしない天気が続いていますね。

● 暑さ厳しき折、いかがおしのぎでしょうか。

書き出しのポイント
暑中見舞い(残暑見舞い)の書き出しは、「拝啓」などの頭語は必要ありません。「暑中お見舞い申し上げます」など時候のあいさつから始めます。次に暑さを見舞う言葉を続けます。
恩師や親戚など目上の方に送る場合は「暑中お伺い申し上げます」の方が丁寧な印象となるでしょう。残暑見舞いも同様です。

時候のあいさつの言い換え
暑中見舞いの書き出しには、「猛暑の候」「暑さ厳しき折」「大暑の候」「炎暑のみぎり」なども使われます。

暑中見舞いの結び

- まずは、暑中のお見舞いを申し上げます。
- 炎暑の折柄、ご自愛のほどお祈り申し上げます。
- これからが夏本番です。どうぞご自愛くださいませ。
- 盛夏の折柄、お障りございませんようお祈り申し上げます。
- この夏をご壮健に乗り切られますようお祈り申し上げます。
- 暑さ厳しき折、十分英気を養ってください。まずは暑中お見舞いまで。
- これからも暑い日が続くようです。お体をお大事にお過ごしください。
- まだまだこの猛暑は続きそうですので、夏バテなさらぬようご自愛ください。
- 熱帯夜が続きますので、体調には十分ご留意くださいませ。
- 相変わらずお忙しくお過ごしの毎日でしょうが、夏の疲れが出ぬようお祈り申し上げます。
- ますます暑さがつのるこの頃ですが、どうぞお大事になさってください。
- お盆休みに帰省いたします。その際お会いできるのを楽しみにしております。
- 夏バテや熱中症に負けず、お互いにこの夏も元気に過ごしましょうね。

近況伺い・報告のポイント

時候のあいさつの後、相手の近況を尋ねたり、自分の近況を報告しましょう。近況はより具体的に書いたほうが受け取る側も楽しくなります。

結婚や出産、引っ越しなど、相手に動きがある場合は相手の近況を尋ねるのを主体にすると、思いやりのある印象となります。

結びのポイント

相手の健康や幸福を祈る言葉でまとめるのが一般的です。文面の終わりは、日にちまで書かずに月までとするか、「盛夏」とするのが慣例です。

さらにワンポイント

はがきは、涼しげな印象のものや季節感のある絵柄で出すのもよいですね。また、暑中・残暑見舞いは自分の近況報告も兼ねるため、住所が変わった際は知らせましょう。

残暑見舞いの書き出し

- 残暑お見舞い申し上げます。○○様には、ご息災のことと存じます。
- 暦のうえではもう秋だというのに、相変わらずの暑さが続きますね。
- 立秋とは名ばかりの猛暑が続きますが、いかがおしのぎでしょうか。
- 今年は残暑が厳しいようです。お変わりございませんか。
- 炎熱地を焼くとはこのことと思う連日の残暑ですね。
- セミが賑やかですね。そろそろ秋の訪れが待ち遠しいこの頃です。

残暑見舞いの結び

- 夏の疲れが出る時節と存じます。お体にご留意くださいませ。
- この暑さももう少しの辛抱です。くれぐれもご自愛くださいますよう。
- 秋の夜長を感じる頃ですね。
- 季節の変わり目ですので、体調には十分ご留意ください。
- まもなく秋の足音が聞こえてきそうですね。
- 新たな季節を健やかにお迎えください。

書き方のポイント

いくら暑さが続いていても、立秋を過ぎれば残暑見舞いとして出します。

一般的には、慣用句の「残暑お見舞い申し上げます」で始め、〈**時候のあいさつ→相手の近況伺い→自分の近況報告(親しい相手のみ)→相手の健康への気遣い→日付**〉の順です。

結びのポイント

相手の健康を願う言葉のほか、「朝夕はいくぶん涼しくなりました」など、少しでも涼しさを感じられる言葉や、暑さが終わることを予感させるような表現があるとよいでしょう。

文面の終わりは日にちまで書かずに月までとするか、「立秋」や「晩夏」とします。

八月の書き出しと結び

別称

葉月《はづき》

初月《はづき》、萩月《はぎづき》、秋風月《あきかぜづき》、月見月《つきみづき》、桂月《けいげつ》、燕去月《つばめさりづき》など

書き出しの言葉

丁寧なあいさつ

上旬

季夏《きか》…暦のうえで夏の終わり。

晩夏《ばんか》…二十四節気の小暑から大暑まで。

立秋《りっしゅう》…八月七日頃。秋の始まり。

中旬

避暑《ひしょ》…夏の暑さを避けること。

残暑《ざんしょ》…立秋を過ぎても残る暑さ。

納涼《のうりょう》…暑さを避けて涼しさを味わうこと。

下旬

処暑《しょしょ》…八月二十三日頃。暑さが納まること。

暮夏《ぼか》…夏の暮れ。

向秋《こうしゅう》…秋に向かうこと。

✚ の ✚

候

みぎり

折

日	暦・行事	二十四節気	七十二候
1		（大暑）	（土潤溽暑）
2			**大雨時行**［たいうときどきにふる］夕立が降りやすくなる頃
3			
4			
5			
6	広島平和記念日		
7		**立秋**［りっしゅう］秋の始まり	**涼風至**［すずかぜいたる］涼しい風が立ち始める頃
8			
9	長崎原爆の日		
10			
11	山の日		
12			**寒蝉鳴**［ひぐらしなく］ヒグラシが鳴く頃
13			
14			
15	旧盆・終戦記念日		
16	五山送り火		
17			
18			**蒙霧升降**［ふかききりまとう］深い霧が立ちこめる頃
19			
20			
21			
22			
23		**処暑**［しょしょ］暑さが納まる頃	**綿柎開**［わたのはなしべひらく］綿の実が割れて白い綿花がのぞく頃
24			
25			
26			
27			
28			**天地始粛**［てんちはじめてさむし］気温が下がって身が引き締まる頃
29			
30			
31			

一般的なあいさつ

暦

上 夏の**土用**[*1]の時季特有のじっとりした暑さが続いています。

上 **土用**[*1]過ぎの暑い日が続きますが、ご家族の皆様はお変わりなくお過ごしでしょうか。

中 **立秋**[*2]とは名ばかりの厳しい暑さが続いております。

中 暑い日が続いておりますが、**暦のうえではもう秋**なのですね。

中 今年の**残暑**は例年になく厳しいですが、夏バテなどされていませんか。

下 **お盆**[*3]を過ぎても蒸し暑い日が続きますが、○○様はいかがお過ごしでしょうか。

下 **盆明け**からしのぎやすい気候になりました。夏も残すところあとわずかですね。

下 **暮夏**の候、皆様お変わりありませんか。

下 今年も**処暑**[*4]を過ぎ、朝夕はいくぶん過ごしやすくなってまいりました。

下 日暮れが早まり、そろそろ**秋の足音**が聞こえてきました。

＊1 土用
二十四節気の立春・立夏・立秋・立冬の前の約十八日間のこと。夏の土用は七月二十日～八月六日頃。夏の「土用の丑の日」が有名で、土用の期間中、十二支の丑にあたる日を指し、「うなぎを食べれば夏バテしない」といわれています。

＊2 立秋
二十四節気のひとつで、八月七日頃。日本では古くからこの日を秋の始まりとしていました。この日以降から残暑見舞いを出す期間となります。

＊3 お盆
別名、盂蘭盆会《うらぼんえ》、精霊会《しょうれいえ》。先祖の霊を迎え供養する仏事。七月十五日または八月十五日前後に送り火や迎え火、精霊流しを行います。

天候

上 青空に真っ白の**入道雲**[*5]が湧き上がる季節となりました。

中 今年は暑さが恋しくなるような**冷夏**[*6]ですが、お風邪など召されていませんか。

下 **空の色**もいつしか**秋めいて**、季節の移り変わりを感じております。

下 ようやく酷暑から解放され、**秋の涼しさ**を感じるようになりました。

下 朝晩は多少**涼しい風**が吹くようになりました。都会の夏にも、時折秋を感じる今日この頃です。

下 **星月夜**[*7]に散歩をして、**秋の涼やかな空気**を感じました。

● 連日の**熱帯夜**[*8]で、夏の疲れが出やすい頃となりました。お体お変わりないですか。

● 湧き立つ**入道雲**[*5]に涼やかな**夕立**。夏真っ盛りですね。

● **ゲリラ豪雨**[*9]が心配な毎日。雨傘が手放せないですね。

花・植物

● 夏空に**ひまわり**が今を盛りと咲き誇っています。

＊4　処暑《しょしょ》
二十四節気のひとつで、八月二十三日頃。「処」は止まる、落ち着くという意味を持つことから、処暑は厳しい暑さが峠を越え徐々に納まる頃をいいます。

＊5　入道雲
高く盛り上がって、大入道（坊主頭の大男）のように見える積乱雲のこと。ときににわか雨を伴います。

＊6　冷夏
梅雨が長引くなどして、平年に比べて気温が低い日が続く夏のこと。

● 庭では赤や白、紫色の**百日草***10が鮮やかに
花を咲かせ、目を楽しませてくれています。

● **朝顔**の花にも、どこか夏の名残惜しさを感じられる頃となりました。
皆様お元気でお過ごしでしょうか。

いきもの

上 **カブトムシ**や**クワガタ**、毎朝子どもたちが虫取りに飛び出しています。

中 夏も半ばを過ぎて、**鈴虫***11や**コオロギ***11などの
秋を告げる鳴き声が聞こえるようになりました。

下 厳しい暑さも納まり、**ツクツクボウシ***12の声が聞こえ始めた
今日この頃、いかがお過ごしでしょうか。

下 **赤トンボ**が舞い飛ぶ姿に、秋の気配を感じる季節となりました。

食

上 冷やした**すいか**を縁側で食べる、楽しい季節となりました。

● **トマト**や**きゅうり**、**ゴーヤ***13などおいしい夏野菜が庭で採れました。

● このところ、冷えた**ビール**に**枝豆**が毎晩のごほうびです。

***7 星月夜《ほしづきよ》**
星の光で月のように明るい夜。秋の季語なので、立秋を迎えてから使います。

***8 熱帯夜**
夕方から翌朝までの最低気温が25度以上の夜のこと。

***9 ゲリラ豪雨**
突発的に発生し、限られた地域に降る激しい豪雨のこと。事前に予測するのは難しいため、奇襲を行う「ゲリラ」に例えられています。

***10 百日草《ひゃくにちそう》**
強い日照と高温多湿を好むメキシコ原産の草花。初夏から晩秋までの長い期間咲くのでこの名がついたといわれています。白、赤、黄など、花の色はさまざまです。

***11 鈴虫／コオロギ**
夏の終わりから秋にかけて鳴く秋の虫の代表です。

● 連日の暑さのためか、**そうめん**が何よりのごちそうと感じられます。

● 旬を迎えた甘酸っぱい**ブルーベリー**[*14]でタルトをつくりました。

● 完熟**マンゴー**[*15]がちょうど今、食べ頃です。

風物

上 夏休みには、北海道での**避暑**を計画しております。

上 熱戦続く**五輪**観戦を毎日楽しんでおります。

上 連日熱闘が続く**甲子園**。テレビから目が離せない毎日です。

上 この夏は子どもに倣って、**ラジオ体操**をしています。たまには体を動かすのもよいものですね。

中 **お盆休み**には皆様おそろいで楽しくお過ごしのことと思います。

中 今年は家族そろって**青森ねぶた祭**[*16]へ出かけました。

中 先日庭先で**花火**をしました。パチパチはぜる**線香花火**は夏の夜に趣を添えてくれました。

中 ゆく夏を惜しむように、夏の夜空に**大輪の花火**が咲いています。

下 八月も残りわずか。お子様の**夏休みの宿題**は順調に進んでいますか。我が家は去年の二の舞いにならないよう、口すっぱく言う毎日です。

＊12　ツクツクボウシ
セミの一種。晩夏から秋にかけて多く現れ、雄はツクツクオーシと鳴きます。

＊13　ゴーヤ
七月中旬～十月中旬に採れる沖縄の伝統野菜。独特の強い苦みがあるため、苦瓜《にがうり》とも呼ばれます。

＊14　ブルーベリー
六月～九月上旬に収穫できる果樹。青紫色の小さな果実が成ります。

＊15　マンゴー
収穫期は五～十月ですが、特に七～八月がおいしい時季とされます。

結びの言葉

上 **熱中症**に気をつけて、水分・塩分補給など心掛けてお過ごしください。

上 ご都合がつけば、**五山送り火**[*17]を見に京都へ行きたいですね。

中 連日の**炎暑**でお疲れが出ていませんか。くれぐれもご無理なさらずに、お体を休めてくださいね。

中 **残暑**厳しき折、お元気に夏を乗り切られるようお祈り申し上げます。

下 **夏のお疲れ**が出る頃かと思いますので、くれぐれもご用心ください。

下 **秋の到来**を心待ちに、お互いに残暑を乗り切りましょう。

下 **残り少ない夏休み**を、ご家族で心ゆくまで楽しんでください。

下 今年はしばらく**暑さ**が続くようですので、どうぞご自愛くださいませ。

下 **秋の足音**を間近に感じ始めました。**ゆく夏**を惜しみましょう。

下 **朝晩は冷え込む**日も出てきましたので、お体お気をつけください。

下 **少しずつ秋が近づいて**まいりました。

● 実り多き秋を迎えられますようお祈り申し上げます。

● **冷たいもの**を食べ過ぎて、おなかを壊さないようにしてくださいね。

● **夏の旅行**のみやげ話を聞かせてくださいね。楽しみにしております。

＊16　青森ねぶた祭
八月上旬に行われる火祭りで、人形型の灯籠を車に乗せて練り歩きます。秋田竿《かん》燈《とう》まつり、仙台七夕まつりとともに東北三大祭りと呼ばれます。

＊17　五山《ござん》送り火
八月十六日の夜に京都で行われるお盆の行事で、東山如意《にょい》ヶ嶽の「大文字」が有名です。ほかにも金閣寺付近の大北《おおきた》山や上嵯峨《かみさが》仙翁《せんおう》寺《じ》山などでも相前後して点火され、これらを「京都五山送り火」と呼びます。

九月の書き出しと結び

別称
長月《ながつき》
菊月《きくづき》、玄月《げんげつ》、菊咲月《きくさづき》、紅葉月《もみじづき》、寝覚月《ねざめづき》など

書き出しの言葉

丁寧なあいさつ

上旬

初秋《しょしゅう》…二十四節気の立秋から処暑まで。
新秋《しんしゅう》…始まったばかりの秋。
白露《はくろ》…九月七日頃。露が結ぶこと。

中旬

清涼《せいりょう》…さわやかで清々しいこと。
爽秋《そうしゅう》…さわやかな秋のこと。
秋涼《しゅうりょう》…秋らしい涼しさ。

下旬

秋分《しゅうぶん》…昼と夜の長さがほぼ同じになる。
涼風《りょうふう》…涼しい風。
秋冷《しゅうれい》…秋の冷え冷えとした気候。

＋の＋

候
みぎり
折

※第3月曜日＝敬老の日

日	暦・行事	二十四節気	七十二候
1	防災の日	（処暑）	（天地始粛）
3			**禾乃登**［こくものすなわちみのる］稲などの穀物が実り始める時期
8		**白露**［はくろ］冷え込みで露が白く見える頃	**草露白**［くさのつゆしろし］草に降りた露が白く輝く頃
9	重陽《ちょうよう》の節句		
13			**鶺鴒鳴**［せきれいなく］セキレイが鳴き始める頃
18			**玄鳥去**［つばめさる］燕が南の国へ渡る頃
20	彼岸の入り		
23	秋分の日	**秋分**［しゅうぶん］昼夜の長さがほぼ同じ日	**雷乃収声**［かみなりすなわちこえをおさむ］雷が鳴り響かなくなる頃
26	彼岸明け		
28			**蟄虫坏戸**［むしかくれてとをふさぐ］虫が地中に隠れる頃

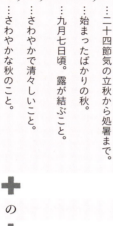

一般的なあいさつ

暦

上 今日は**野分晴れ**[*1]の空がひときわまぶしく感じられました。

上 **白露**[*2]を過ぎ、朝夕に秋の気配を感じる頃となりました。お変わりなくお過ごしでしょうか。

上 **敬老の日**が近づき、孫に会えることを心待ちにしているこの頃です。

中 **実りの秋**を迎え、先日は家族でりんご狩りに行ってきました。

下 **中秋の名月**[*3]を愛でながら、秋の深まりを感じておりました。

下 **秋分**[*4]を迎え、吹く風もすっかり秋めいてまいりましたね。

下 こちらは**雨名月**[*5]となってしまい、「月より団子」とばかりに**月見団子**[*6]を楽しんでいたところです。

下 **お彼岸**[*4]を過ぎて、すっかり涼しくなり秋が深まってまいりました。

天候

上 今年は格別に**残暑が厳しい**ようですが、お元気にお過ごしですか。

上 九月に入ったとはいえ**まだまだ暑さ**が残りますね。

＊1　野分晴れ《のわけば》
「野分」とは二百十日(→93ページ参照)、二百二十日前後に野の草を分けるように吹く強い風、台風。「野分晴れ」は、台風一過の晴天。

＊2　白露《はくろ》
二十四節気のひとつで、九月七日頃。夜の冷え込みでできた露が朝日できらきらと白く見える時季。

＊3　中秋の名月／十五夜
「仲秋」は旧暦の八月、「中秋」は同月十五日のこと。この夜を「十五夜」、この夜の月を「中秋の名月」と呼び太陽暦では毎年九月中旬～十月上旬にあたります。

【中】日中はまだ暑さが残りますが、**朝晩は冷え込む日**も出てきましたね。
ご家族の皆様はお変わりありませんか。

【中】今年は**秋の訪れ**が早いようです。

【中】ようやく**しのぎやすい季節**となりましたが、いかがお過ごしですか。

【中】厳しかった**夏の日差しも日ごと和らいで**まいりました。

【中】日増しに**空気が澄み**、月が美しく眺められるようになってきましたね。

【中】**秋雨前線**[*7]が停滞し、うっとうしい雨の日が続いています。
お風邪など召されていませんか。

【下】今年は大きな**台風**もなく、穏やかに秋が深まってまいりました。

【下】ひと雨ごとに**秋の気配**がいっそう濃くなってまいりましたね。

【下】**朝夕はめっきり涼しく**、過ごしやすくなりましたが、
ご家族の皆様お変わりございませんか。

● 今年は**台風**の当たり年だとか。そちらでは被害はございませんか。

● さわやかな**秋の風**が吹く季節、
皆様におかれましてはご健勝のこととお慶び申し上げます。

● 晴れた秋の空に**いわし雲**[*8]が広がっております。

● 心地よい**秋の空**です。散歩していて、お手紙をさし上げたくなりました。

***4　秋分／彼岸**
秋分は二十四節気のひとつで、九月二十三日頃。昼夜の長さがほぼ等しくなります。秋分を中日とした一週間が「秋の彼岸」です。

***5　雨名月《あめめいげつ》**
中秋の名月が雨で見えないこと。別名「雨夜《あまよ》の月」「雨月《うげつ》」。

***6　月見団子**
陰暦八月十五日夜と九月十三日夜に、月に供える団子。収穫を祝い、月への感謝を示す意味合いがあります。

***7　秋雨《あきさめ》前線**
九月中旬、夏の高気圧が弱まって現れる気圧前線。

***8　いわし雲**
小さな雲がいわしの群れのように集まり、広がっている雲。別名「うろこ雲」。台風や移動性低気圧の多い秋に見られ、秋を象徴する雲です。

花・植物

上 わが家の庭では**初萩**[*9]が花を咲かせ始めました。もう秋ですね。

下 十五夜[*3]に**秋の七草**[*10]を飾り、お月見としゃれてみました。

下 通りを歩けば**キンモクセイ**の甘い香りを感じる季節となりましたね。

● 散歩中に見かけた紅色の**彼岸花**[*11]が燃えるように鮮やかで、秋の空とのコントラストが美しく、思わず写真に撮りました。

● **コスモス**が秋風に揺れる頃となりましたが、皆様もお変わりなくお過ごしのことと思います。

いきもの

上 **赤トンボ**を見かけ、早くも秋の到来を感じています。

中 威勢のよいセミの大合唱に代わって、**コオロギ**や**キリギリス**の涼やかな声が本格的な秋を告げてくれます。

中 夕暮れどき、**虫聞き**[*12]をしながら帰るのが楽しみな季節となりました。

● 家の近くにあった**燕**の巣が空き家になりました。暖かい南の空へ飛び立って行ったようです。

＊9 初萩《はつはぎ》
萩は「秋の七草」のひとつとして秋を象徴する花で、秋になって最初に咲く萩を「初萩」といいます。夏に花を咲かせることも多く、「五月雨《さみだれ》萩」「夏の萩」とも呼ばれます。

＊10 秋の七草
秋を代表する七種類の草花のこと。萩、すすき、くず、なでしこ、おみなえし、藤《ふじ》袴《ばかま》、桔梗《ききょう》。

＊11 彼岸花
秋の彼岸の頃になると、紅色の鮮やかな花を咲かせる草花。別名「曼珠沙華《まんじゅしゃげ》」。

食

上　実りの秋を迎え、**ぶどう狩り**、**なし狩り**が楽しみです。

中　**食欲**とともに、本格的な秋の訪れを感じるこの頃です。

下　空が秋色を帯びるとともに、庭の**柿**が少しずつ色づき始めました。

下　十五夜*3に**里芋***13と**月見団子***6をお供えし、今年の収穫を祝いました。

下　お彼岸に母直伝の**おはぎ***14をつくり、家族でおいしくいただきました。

●　**秋なす***15のおいしい季節になり、煮て焼いて炒めて、毎日のようにいただいています。

●　脂ののった**秋刀魚**《さんま》が堪能できる季節ですね。今年こそ七輪を買おうか思案中です。

風物

上　**新学期**を迎え、日に焼けた子どもたちを毎朝見送っています。

上　夏の思い出はつくられましたか。これからは**食欲と芸術の秋**ですね。

中　黄金色に実った**稲穂がこうべを垂れ**、恵みの秋を迎えましたね。

下　朝晩は涼しい日も増え、厚めの**掛布団**を出しました。

***12　虫聞き**
秋の夜、ヒグラシやコオロギなどの虫の鳴き声を聞いて楽しむこと。

***13　里芋**
里芋やさつま芋などの収穫を祝って芋類を月にお供えする風習から、十五夜は「芋《いも》名月《めいげつ》」とも呼ばれます。

***14　おはぎ**
萩の花にちなみ、秋の彼岸に食べるので「おはぎ」。同じものを春は牡丹の花から「ぼた餅」と呼びます。

結びの言葉

上 **二百十日**[16]を過ぎ、**台風シーズン**を無事に乗り切られますようお祈りしております。

上 **十五夜**[3]には、月を愛でながら一献傾けたいですね。

中 まだまだ**秋涼**とはいいがたい残暑ですね。くれぐれもご自愛ください。

中 **夏の疲れ**は秋に出やすいとも聞きます。どうぞお体おいといください。

中 ようやく**暑さから解放**されましたが、夜風はお体に障りますので、体調には気をつけてくださいね。

下 今年は十月に入っても**暑さが残り**そうです。お体お大事に。

下 「**暑さ寒さも彼岸まで**[17]」と申します。気温の変化にご留意ください。

下 これからの季節、**朝夕冷え込んで**まいりますのでご自愛ください。

● さわやかな時節です。**秋を満喫**し充実した日を過ごされますように。

● **秋の長雨**が続いていますね。お風邪など召されませぬよう。

● **秋の夜長**、夜更かしをして体調など崩されませんように。

● いよいよ**芸術の秋**。○○美術館の特別展へご一緒できたらうれしいです。

● 食べすぎには注意して、**実りの秋**を存分にお楽しみくださいね。

***15 秋なす** 単に「なす」は夏の季語ですが、同じ品種でも秋に成るなすのことを「秋なす」と呼びます。

***16 二百十日《にひゃくとおか》** 立春から数えて二百十日目にあたる九月一日頃。台風シーズンにあたり、昔から農家はこの日を警戒してきました。

***17 暑さ寒さも彼岸まで** 秋分の日(九月二十三日頃)を中日としてその前後七日間のことを「彼岸」といいます。この頃になると夏の暑さもやわらいでくるという意味の慣用句です。

十月の書き出しと結び

別称

神無月《かんなづき》

神去月《かみさりづき》、時雨月《しぐれづき》、初霜月《はつしもづき》、陽月《ようげつ》、雷無月《かみなかりづき》、良月《りょうげつ》など

書き出しの言葉

丁寧なあいさつ

上旬

秋晴《しゅうせい》…澄み渡るような秋の日の快晴。

仲秋《ちゅうしゅう》…二十四節気の白露から秋分まで。

秋雨《しゅうう》…しとしとと続く秋の雨。

中旬

寒露《かんろ》…十月八日頃。冷たい露。

錦秋《きんしゅう》…葉が色づく季節。

秋麗《しゅうれい》…秋晴れののどかな季節。

下旬

霜降《そうこう》…十月二十三日頃。霜が降り始める。

長夜《ちょうや》…長くなった夜。

紅葉《こうよう》…紅葉の季節。

＋の＋

候

みぎり

折

※第2月曜日＝体育の日

日	暦・行事	二十四節気	七十二候
1	衣替え	（秋分）	（蟄虫坏戸）
2			
3–7			**水始涸**〔みずはじめてかるる〕水田の水を落とす頃
8		**寒露**〔かんろ〕霜になりそうな冷たい露	**鴻雁来**〔こうがんきたる〕雁が北から飛来する頃
9	国際文通週間		
10	銭湯の日		
13–17			**菊花開**〔きくのはなひらく〕菊の花が咲く頃
18–22			**蟋蟀在戸**〔きりぎりすとにあり〕コオロギが人家に近づく頃
23		**霜降**〔そうこう〕霜が降りやすくなる頃	**霜始降**〔しもはじめてふる〕初霜が降りる頃
24	国際連合デー		
27	読書週間（11/9まで）		
28–31			**霎時施**〔こさめときどきふる〕時雨《しぐれ》の降る頃
31	ハロウィン		

一般的なあいさつ

暦

（中）**秋たけなわ**のこの頃、いかがお過ごしですか。

（中）木々が赤く染まり始め、**錦秋**の名にふさわしい季節を迎えました。

（中）**寒露**＊1を迎え、いよいよ秋も深まってまいりました。

（下）暦のうえでは**霜降**＊2の頃となりました。お変わりなくお過ごしですか。

天候

（上）十月の声を聞き、**気候も秋めいて**きましたね。

（上）今朝の**雨冷え**＊3は、いちだんと身にしみました。

（中）**秋雨前線**が去り、**秋の風**が心地よい季節となりましたね。

（下）朝夕は**めっきり冷え込んで**まいりました。

（下）日増しに**秋が深まって**まいりました。

（下）**日もずいぶんと短く**なり、秋もまもなく終わりを告げますね。

（下）**秋の風**が身にしみるような冷たさになってきましたね。

（下）**日ごとに寒さが増し**、冬の足音がそこまで聞こえ始めました。

＊1 寒露《かんろ》
二十四節気のひとつで、十月八日頃。冷気がますます深まり、霜になってしまいそうな冷たい露という意味。

＊2 霜降《そうこう》
二十四節気のひとつで、十月二十三日頃。夜間の冷え込みが厳しさを増し、霜が降りやすくなります。地方によっては初霜の時期は異なるため気をつけましょう。

＊3 雨冷え
雨が降って冷え込んでいくこと。

＊4 天高く馬肥ゆる秋
秋の空は澄みわたって晴れ、馬が食欲を増して肥えてたくましくなるということわざ。

- 下 **天高く馬肥ゆる秋**＊4、健康的な「肥え」方になるように運動に励んでおります。
- 早朝に目が覚め、山々に**秋霧**《あきぎり》＊5が立っているのを見ました。
- 澄みわたる**秋晴れ**は心地よいものですね。
- 清々しい**秋の好天**に恵まれる日々が続いていますね。
- **秋の夜長**と申しますが、急に**日が短く**なったような気がします。
- 「**秋の日はつるべ落とし**＊6」といいますが、最近は夜の始まりが早くなったと感じます。

花・植物

- 中 **薄紅葉**＊7に彩られた公園を歩き、秋の始まりを感じています。
- 中 北からは徐々に**紅葉のたより**が聞こえる季節となりました。
- 下 連休に**すすき**の名所へ出かけました。秋風に吹かれた**穂**が金色に波打つ様子が美しく、今も目に焼きついています。
- 街路樹の**葉**も、**日ごとに赤や黄色へ**と彩りを増しています。
- **イチョウ**の葉も黄金色に衣替えを始めたようです。
- 先日、**栗拾い**へ行き、**笑み栗**＊8を見つけました。

＊5　**秋霧**《あきぎり》
秋に立つ霧のこと。「春霞」(→51ページ参照)に対して用いられます。

＊6　**秋の日はつるべ落とし**
「つるべ」とは井戸の水をくみ上げるための桶のこと。一気に日が落ちる秋の夕暮れを、井戸に落ちていく桶に見立てています。

＊7　**薄紅葉**《うすもみじ》
秋が深まり始め、うっすらと色づいた紅葉。

＊8　**笑み栗**《えぐり》
熟してイガが開いている栗のこと。人の笑顔に見立ててこう呼ぶようになったのでしょう。

いきもの

- 夕暮れの **虫の音** が耳に心地よく、ついうたた寝してしまいました。
- 森で **キツツキ***9 がタタタタと木をつつく音が聞こえ、秋を感じさせてくれました。
- **ムクドリ***10 の群れの賑やかな鳴き声が聞こえました。
- 木の枝からぶら下がった **蓑虫***11 が、風に揺らめいているのを見かけました。

食

- 上 **秋刀魚**《さんま》 や **銀杏**《ぎんなん》 など、**味覚の秋** を迎えましたね。
- 上 **収穫の秋** を迎え、おいしいものをつい食べすぎてしまうこの頃です。
- 上 **柿** の実も色づき、秋らしい風情になってまいりました。
- 食欲の秋と重なって、**新米** をおいしく味わう今日この頃です。
- 先日 **栗拾い** へ出かけました。**栗ごはん**、**栗の甘露煮**、**栗ぜんざい** と、しばらく栗三昧になりそうです。
- 旅先で **土瓶蒸し** をいただきました。やはり **松茸** は香りの王様ですね。
- **新米** に **しめじ** や **しいたけ** を炊き込んで、**きのこごはん** をつくりました。

***9 キツツキ**
鋭いくちばしで木をつついて穴を開け、中の虫を食べます。一年中見られますが、秋に多く姿を見せます。

***10 ムクドリ**
体長二十五センチほどで、集団で行動する鳥。田畑で果実を食べてしまう一方で、害虫をついばんでくれます。最近は市街地で群れを見かけることも増えました。

***11 蓑虫**《みのむし》
ミノガ科のガの幼虫。秋に体から出す糸で木の枝や葉をくっつけて蓑のような形の巣をつくり、蓑の中で冬を越します。

● **秋鮭** のおいしい季節。もう召し上がりましたか。

風物

上 澄みきった **秋空** の下、 **行楽シーズン** の始まりです。今年はどちらかへ行かれますか。

上 あちらこちらで **秋祭り** が始まるようです。

上 **スポーツの秋** らしく、近所から **運動会** の練習の声が聞こえます。

上 空気がひんやりするようになり、 **秋物のコート** を取り出しました。そろそろ衣替えの季節ですね。

● 今日は **栗名月**＊12。近所の方から、おいしい **栗まんじゅう** のおすそ分けをいただきました。

● 街に **ハロウィン**＊13 の楽しい飾りつけが見られるようになりましたね。子どもたちも仮装したいと張りきっています。

● **行楽日和** の日が続き、どこか遠出したくなるこの頃です。

● **芸術の秋** にふさわしいお誘いをしようとおたよりしております。

● 本がお好きな○○様も **読書の秋** をお楽しみのことと思います。

● 先日、富士山の **初冠雪**＊14 のたよりが届きましたね。

＊12　栗名月《くりめいげつ》
昔は、中秋の名月(十五夜)から約一か月後の旧暦九月十三日(太陽暦の十月上旬~下旬)にも「十三夜《じゅうさんや》」の月見をしました。もう少しで満月になる月です。十三夜には栗や大豆を供えたのが名前の由来です。

＊13　ハロウィン
万聖節《ばんせいせつ》(11月1日)の前夜祭。古代ケルト起源で、もともとは秋の収穫を祝い悪霊を追い出すためのものです。カボチャをくり抜いてつくった提灯《ちょうちん》を飾り、仮装した子どもたちが近所を回りお菓子をもらいます。

結びの言葉

(上) **秋らしい** 心地よい季節です。この時季を存分に楽しみましょうね。

(上) **紅葉前線** もすぐそこ。**ゆく秋** を満喫なさってください。

(中) あでやかな **錦秋** のこの季節を、どうかお健やかにお過ごしください。

(下) **秋冷** の加わる季節、お体にはくれぐれもご注意ください。

(下) 外はもうすっかり **秋の装い** です。
美しい季節を穏やかにお過ごしくださいませ。

(下) **秋の深まり** とともに寒さが増してまいります。
どうぞお体にお気をつけてください。

(下) **露時雨**[*15] となるほど冷え込む夜も多くなりました。どうかご自愛を。

(下) **日増しに肌寒さ** を感じるこの頃、お体おいといください。

寒暖の差 が激しい頃です。お互い体調を崩さないようにしたいですね。

木々の彩り も日々変化しています。**紅葉狩り** へ出かけたいですね。

灯火親しむ秋の夜長[*16] ですが、夜更かしに気をつけてくださいね。

今年の **秋は駆け足** とのこと。行楽に読書にと秋を楽しまれますように。

たわわな秋の実り のように、ますますのご活躍をお祈り申し上げます。

＊14 **初冠雪**
その年の夏が過ぎて初めて山頂付近に雪が積もること。

＊15 **露時雨《つゆしぐれ》**
風のない晴れた夜など、気温が低くなって草葉に露が一面に降り、その様が時雨に濡れたようになること。秋の季語です。

＊16 **灯火《とうか》親しむ**
「灯火」とは明かりのこと。秋の季語である「灯火親しむ」は明かりのもとで読書したり、団らんをしたりする季節のことをいいます。

十一月の書き出しと結び

別称

霜月《しもつき》

神楽月《かぐらづき》、神来月《かみきづき》、霜降月《しもふりづき》、雪待月《ゆきまちづき》、子月《ねづき》、建子月《けんしげつ》など

書き出しの言葉

丁寧なあいさつ

上旬

深秋《しんしゅう》…深まる秋。

晩秋《ばんしゅう》…二十四節気の寒露から霜降まで。

季秋《きしゅう》…秋の終わり。

中旬

立冬《りっとう》…十一月七日頃。冬の始まり。

落葉《らくよう》…木の葉が落ちること。

氷雨《ひさめ》…晩秋から初冬に降る冷たい雨。

向寒《こうかん》…寒い時期に向かうこと。

下旬

初霜《はつしも》…秋から冬にかけて最初に降りる霜。

霜寒《そうかん》…霜が降りること。

＋ の ＋ 候／みぎり／折

※第3木曜日＝ボジョレー・ヌーボー解禁日

日	暦・行事	二十四節気	七十二候
1	読書週間（10/27から）〜9日	（霜降）	（霎時施）
2		（霜降）	**楓蔦黄**［もみじつたきばむ］草木の葉が色づき始める頃
3	文化の日	（霜降）	〃
4–6		（霜降）	〃
7–11		**立冬**［りっとう］冬の始まり	**山茶始開**［つばきはじめてひらく］山茶花《さざんか》の花が初めて開く頃
12–14		〃	**地始凍**［ちはじめてこおる］地面が凍り始める頃
15	七五三	〃	〃
16		〃	〃
17	将棋の日	〃	**金盞香**［きんせんかさく］水仙の花が香りを放って咲く頃
18–21		〃	〃
22		**小雪**［しょうせつ］雪もまだそれほど多くない頃	**虹蔵不見**［にじかくれてみえず］雨が少なく空に虹が見えなくなる頃
23	勤労感謝の日	〃	〃
24–26		〃	〃
27–30		〃	**朔風払葉**［きたかぜこのはをはらう］北風が木の葉を散らす頃

一般的なあいさつ

暦

上 **晩秋**らしい、さわやかな気候になりました。

上 **立冬**＊1を過ぎ、吹く風の中にも冬の気配が感じられます。

中 **暦のうえでは冬**となりました。お変わりなくお過ごしでしょうか。

中 **小雪**＊2を迎えても穏やかな気候が続いております。

下 今年もはや**霜月**＊3となりました。お変わりなくお過ごしですか。

天候

上 今年は例年になく**冷え込む秋**になりました。

上 ここ数日は心地よい**菊日和**＊4ですね。

下 **勤労感謝の日**に子どもから花束をもらい、思いがけずうるりとしてしまいました。

下 野山の色がさみしくなり、遠くの山はもうすっかり**雪化粧**です。

下 **冷気が募る**朝、庭にも**初霜**が降りる季節を迎えました。

下 こちらはもう**初雪**が降りました。冬の訪れが今年は早いようです。

＊1　立冬《りっとう》
二十四節気のひとつで、十一月七日頃。暦のうえで冬の始まり。

＊2　小雪《しょうせつ》
二十四節気のひとつで、十一月二十二日頃。雨が雪に変わり始め、いよいよ冬に入る兆しが見られます。

＊3　霜月《しもつき》
十一月の別称で、文字通り、霜が降りる月の意。

＊4　菊日和《きくびより》
菊の花の盛りの時季に見られる澄みわたった穏やかな秋晴れの日。

＊5　小春日和《こはるびより》
「小春」は、旧暦の十月。晩秋から初冬に見られる、春のように暖かな晴天。

穏やかな**小春日和**[*5]が続くこの頃です。

めっきり**日脚も短く**[*6]なりましたね。

乾いた空気を潤すように降る**時雨**[*7]に、風情を感じます。

日ごとに**肌寒く**なり、日だまりの恋しい季節となりました。

ここ二、三日の**冷え込み**に、寒がりの私はたまらず、ついヒーターを出してしまいました。

日増しに寒さが加わり、冬支度を始める頃となりましたね。

今年は**暖冬**になるとのニュースにほっとしております。

花・植物

上 **菊薫る**[*8]時節となりましたが、いかがお過ごしでしょうか。

山茶花[*9]が愛らしい花を咲かせる頃となりました。

積もる**落ち葉**に季節の移ろいを感じます。

黄、オレンジの絨毯を踏んで歩くのも風情がありますね。

街の**イチョウ並木**もすっかり冬支度ですね。

銀杏《ぎんなん》の香りが満ちる頃となりました。

あでやかな錦《にしき》の秋を過ぎ、**裸木**の美しい枝ぶりが楽しめる季節です。

＊6 日脚（日足）も短く
「日脚」とは、日が出てから暮れるまでの長さのこと。元々は太陽が空を移動する速さのことを表しました。

＊7 時雨《しぐれ》
主に晩秋から初冬にかけて急に降って止む雨。

＊8 菊薫《きくかお》**る**
最近では一年中見られる菊ですが、元々は秋の花。中国では長寿や健康の象徴とされてきました。

＊9 山茶花《さざんか》
晩秋から初冬にかけて白や赤の花を咲かせるツバキ科の樹木。

●熟した実をたわわにつけた**柿**の木を見かけるようになりました。
お庭の柿は今年も豊作ですか。

●**草紅葉**[*10]が夕日を浴びて黄金色に輝く頃です。

●道端の**ねこじゃらし**[*11]が風に揺れる様子を見て、秋を感じました。

いきもの

上 晩秋の空に、V字型の隊列を組んで飛ぶ**雁**を見かけました。

●今年も**鳥渡る**[*12]季節を迎えました。

●わが家の**愛犬も冬毛**に替わり、冬支度を整えたようです。

食

下 今年の**ボジョレー・ヌーボー**は大変できがよいと聞きました。
お酒に目がない○○様はもう楽しまれたでしょうか。

●駅前で**石焼いも**の屋台を見かけ、ついひとつ買ってしまいました。

●あちらこちらの軒先にすだれのようなたくさんの**干し柿**を見かけます。

●立派な**ズワイガニ**[*13]を店頭で見つけ、**カニすき**にしていただきました。

●冷え込む日には、旬の**白菜**をたっぷり入れた**鍋**で体を温めています。

＊10 草紅葉《くさもみじ》
茅萱《ちがや》や根笹《ねざさ》、すすきなどの草木が赤やオレンジ、黄色などに色づいて草原を染め上げる様子のこと。

＊11 ねこじゃらし
狗尾草《えのころぐさ》の別名。穂を揺らして猫をじゃらす遊びからこの名で呼ばれます。秋の季語です。

＊12 鳥渡る
白鳥、鶴、雁などの渡り鳥が、秋に日本に渡ることを表した秋の季語。

＊13 ズワイガニ
富山より西は十一月六日、新潟より北は十月一日など地域やカニの種類によって解禁日が異なります。

● こちらは**新そば***14の季節を迎え、そば打ちに腕がなります。

● 本格的な冬を前に、**ジビエ料理***15がおいしい季節になりましたね。

● **ワイン**に**生牡蠣**を合わせ、少し贅沢な秋の晩酌を楽しんでおります。

風物

上 **過ぎ去っていく秋**に、どこか愁《うれ》いを感じるこの頃です。

上 **年賀はがき**が売り出され、今年ももう残り二か月となりました。ときが経つのは早いものですね。

上 金沢の兼六園で**雪吊り***16が始まったと耳にしました。冬はすぐそこまで来ているようです。

上 子どもたちが**文化祭**の準備に張り切る毎日です。

上 秋が去るとともに、狭いわが家の庭でも**落葉掃除**に大わらわです。

中 晴れ着姿のかわいらしい**七五三**の子どもたちを見かけました。

下 **霜枯れ***17の季節を迎え、冬の訪れを感じます。

● 足先に冷えを感じて、もう**こたつ**を出してしまいました。

● 今年も**酉の市***18へ出かけ、小さな熊手を買ってきました。

● 各地で**菊花展**が催される季節となりました。

＊14　新そば
新そばは春と秋の年二回、収穫されます。地域によって新そばの時季は異なるため注意しましょう。

＊15　ジビエ料理
鹿、イノシシなどの野生鳥獣を使った料理のことで、主に狩猟期間に食べられます。日本の狩猟期間は十一月十五日～二月十五日です。

＊16　雪吊り
積雪で樹木の枝が折れないように縄を張って枝を守る作業のこと。特に金沢の兼六園では、毎年十一月一日から作業が始まり、冬の風物詩となっています。

結びの言葉

上 **寒さに向かう折**、お体おいといください。

上 **夜寒**[*19]が身にしみる頃、皆様のご健康をお祈りいたします。

中 **冬支度**を早めにし、お互い風邪をひかぬよう過ごしましょう。

下 **時雨**[*7]**の頃**を過ぎると、**寒さ**も一段と厳しくなります。お体お大事に。

下 くれぐれもご自愛のうえ、お健やかに**師走をお迎え**くださいませ。

下 来週からはいよいよ**師走**です。どうか穏やかにお過ごしください。

下 **十一月も終盤**を迎えました。どうぞお体にお気をつけください。

下 今年も**あと一か月あまり**。充実した毎日をお過ごしください。

● **空気の乾燥しやすい季節**、くれぐれもお風邪など召されませんよう。

● **温泉**が恋しい季節です。ご一緒できればよいですね。

● **吐く息も白く**なりました。体調を崩さぬようお気をつけください。

● **寒気**が厳しくなる折、皆様お健やかにお過ごしください。

● **朝夕の冷え込み**で体調を崩されませぬよう、ご自愛ください。

● **木枯らし**[*20]に吹かれ寒さを感じます。お元気でお過ごしください。

● **冷気**がとみに深まってまいりました。温かくしてお過ごしくださいね。

＊17 霜枯れ
表面についた霜によって草木が枯れてしまうこと。

＊18 酉《とり》の市《いち》
十一月の酉の日に立つ市。縁起物として熊手を売る露店が並びます。

＊19 夜寒《よさむ》
秋が深まって夜の寒さがより強く感じられること。冬を目前に控えた頃の言葉です。

＊20 木枯《こが》らし
木々を枯らしてしまうような冷たい風のことで、「木の葉落とし」ともいいます。

十二月の書き出しと結び

別称

師走《しわす》

暮古月《くれこづき》、年積月《としつみづき》、春待月《はるまちづき》、臘月《ろうげつ》、茶月《さげつ》、弟月《おとづき》など

書き出しの言葉

丁寧なあいさつ

上旬

明冷《みょうれい》…特に冷える明け方。

師走《しわす》…気ぜわしい十二月のこと。

初冬《しょとう》…二十四節気の立冬から小雪まで。

中旬

初雪《はつゆき》…その冬に初めて降る雪。

新雪《しんせつ》…新しく降った雪。

寒冷《かんれい》…冷ややかで冷たい気候。

下旬

歳末《さいまつ》…年の暮れ。

歳晩《さいばん》…その年の終わり。

極月《ごくげつ》…年の極まる月。年末。

＋の＋

候
みぎり
折

日	暦・行事	二十四節気	七十二候
1		（小雪）	（朔風払葉）
2〜6			**橘始黄** ［たちばなはじめてきばむ］ たちばなの実が黄色に色づき始める頃
7〜11		**大雪** ［たいせつ］ 雪が降り積もる頃	**閉塞成冬** ［そらさむくふゆとなる］ 厚い雲に覆われて冬になる頃
12〜16	煤《すす》払い（13日）		**熊蟄穴** ［くまあなにこもる］ 熊が冬ごもりする頃
17〜21			**鱖魚群** ［さけのうおむらがる］ 鮭が群れて川をさかのぼり産卵する頃
22〜25	天皇誕生日（23日）、クリスマス・イブ（24日）、クリスマス（25日）	**冬至** ［とうじ］ 日照時間が短い日	**乃東生** ［なつかれくさしょうず］ 乃東（夏枯草）が芽を出す頃
26〜30	官庁御用納め（28日）		**麋角解** ［さわしかのつのおつる］ 麋《び》（ヘラジカ）が角を落とす頃
31	大晦日・大祓		（雪下出麦）

一般的なあいさつ

暦

上 **師走**に入り慌ただしくなってまいりましたが、いかがお過ごしですか。

上 **一か月後には新年**と考えると、心急かされるこの頃です。

中 暦のうえでは**大雪**＊1とはいえ、例年より早い積雪に驚いております。

下 **年の瀬**もいよいよ押し迫ってまいりました。

下 今年の**冬至**＊2は穏やかに過ごしました。○○様はお変わりありませんか。

下 **冬至**＊2も過ぎ、行き交う人々にもどこか気ぜわしさを感じられるようになってまいりました。

下 わが家の**年の瀬**は今年もてんやわんやです。

下 **迎春**の準備に何かとご多忙のことと思います。

● 慌ただしい**年末**を迎え、忙しくお過ごしのことと思います。

天候

● **初雪**の知らせを耳にする今日この頃、お変わりございませんか。

● **寒さがひときわ身にしみる**この頃ですが、皆様お変わりありませんか。

＊1　大雪《たいせつ》
二十四節気のひとつで、十二月七日頃。雪が激しく降り始める頃を表します。

＊2　冬至《とうじ》
二十四節気のひとつで、十二月二十二日頃。夜がもっとも長くなる日。

＊3　冬晴《ふゆば》れ
寒さ厳しい冬の晴天。

＊4　冬将軍
ナポレオンがモスクワ遠征で寒さによって敗退したという史実から、冬の厳しい寒さを擬人化した表現。

＊5　冬来たりなば春遠からじ
つらい時期を耐え抜けば、幸せは必ず来るという例えから、長い冬を耐えて春を待つ気持ちを表しています。

冬の日だまりがことのほか暖かく感じられる今日この頃です。

師走とは思えないほど、**穏やかな気候**が続いております。

ご健勝でしょうか。

小雪のちらつく日もありますが、

冬晴れ[*3]の抜けるような青空を見るとほっとします。

身を切るような寒さを感じる季節になりました。

凍てつくような寒さが続いておりますが、冬はこれからが本番です。

今年の**冬将軍**[*4]はなかなか手ごわいようです。

寒気の厳しい日が続いていますが、健やかにお過ごしでしょうか。

冬来たりなば春遠からじ[*5]とは申しますが、**師走の風**が身にしみます。

水たまりにひと晩で**氷**が張る、**寒さ厳しい季節**となりました。

花・植物

(下) 冬至の日には**ゆず湯**[*6]にゆっくり浸かって温まりました。

(下) 葉を落とした野山に寂寥《せきりょう》感が募りますが、

枯野[*7]も次の春に向けての準備中なのでしょうね。

冬枯色[*8]に包まれた野山に、本格的な冬の到来を感じております。

＊6　ゆず湯
冬至の日にお風呂の湯にゆずを浮かべて入ること。万病予防になるといいます。

＊7　枯野《かれの》
草木が枯れ果てた冬の野原。

＊8　冬枯色《ふゆがれいろ》
冬になって草木が枯れ果てた様子を指します。

＊9　セイヨウヒイラギ
別名クリスマスホーリー。十一月頃に赤い実をつける樹木。リースなどの飾りつけに用いられます。

＊10　ポインセチア
クリスマスの頃、上部の葉が赤く色づく低木。

● わが家の**セイヨウヒイラギ**[*9]が赤い実をつけたので、頑張ってクリスマスリースをつくりました。

● 赤い**ポインセチア**[*10]に目がとまり、ひと鉢求めました。華やかなクリスマスの空気が家の中にも感じられます。

● 窓辺の**シクラメン**[*11]が見事な花を咲かせてくれました。

いきもの

● 北の大地に雪が降り、雪原で美しく舞う**丹頂鶴**[*12]のニュースを見ました。

● 近くの公園の湖に**白鳥**[*13]が渡来し、毎朝の散歩が楽しみになりました。

● 例年にない寒さに、**熊**や**シマリス**のように**冬ごもり**[*14]したくなるこの頃です。

● 初雪とともに、**雪虫**[*15]が舞う幻想的な光景を見ました。

食

中 **クリスマス**ももうすぐですね。今年の**ケーキ**は子どもと手づくりする約束をしています。

下 大掃除を済ませた後の、**熱燗**一献が最高のご褒美です。

下 年の瀬も近づき、**年越しそば**を予約しました。

＊11 シクラメン
十二～四月頃に赤、ピンク、白などの花を咲かせる鉢花。

＊12 丹頂鶴
北海道東部の湿原、原野などに一年中生息する大型の鳥。

＊13 白鳥
日本では主に北海道と本州の湖沼、河川で越冬する冬鳥。

＊14 冬ごもり
元々は植物や動物が土や巣にこもって冬を越すことを指しましたが、現在では人が冬の寒さを避けて、家にこもることもいいます。

下 **おせち料理**の準備が滞りなくすみ、今年は**除夜の鐘**を心静かに聞けそうです。

● **牡蠣鍋**、**鱈ちり**と、鍋のおいしい季節になりましたね。

● 旬の**寒鰤**を使った**鰤しゃぶ**は、よく脂がのって
この時季ならではの格別な味わいです。

風物

中 師走を迎え、**年の市**[*16]の声をあちらこちらで聞かれるようになりましたね。

中 **クリスマスプレゼント**はもう用意されましたか。

中 **クリスマスツリー**の飾りつけを子どもたちと楽しみました。

中 **煤払い**[*17]のニュースを見て、重い腰を上げて**大掃除**を始めました。

下 **仕事納め**をし終え、これからわが家では新年を迎える準備を始めます。

● あちらこちらで**ジングルベル**が流れ、冬の賑わいを見せております。

● **クリスマスのイルミネーション**が美しく輝いています。

● **年末宝くじ**に今年も夢を託してみようと思います。

● 京都南座の**顔見世興行**[*18]へ行き、いよいよ年の暮れを感じるこの頃です。

● **年の瀬**も押し迫ってまいりましたが、いかがお過ごしですか。

● **光陰矢のごとし**[*19]と申しますが、一年はあっという間ですね。

＊15　雪虫（綿虫）
体長二ミリほどの虫。白い綿のような物質を出して身を包んでおり、初雪が降る頃にまるで雪のように空を舞います。

＊16　年の市（歳の市）
新年を迎えるための神棚や正月用品など、さまざまな品を売る年末の市。

＊17　煤払《すすはら》い
新年を迎えるために、家屋や家具の煤や埃を払って掃除する習慣。江戸時代には十二月十三日が慣例でした。京都の東・西本願寺では毎年十二月二十日に「御煤払」が行われます。

＊18　顔見世興行
江戸時代、歌舞伎俳優たちが新しい顔ぶれとなる十一月興行のことを顔見世といいました。現在では京都南座の十二月興行が顔見世として有名です。

結びの言葉

- 下 ご家族御一同様、**よき春**を迎えられますよう、お祈りしております。
- 下 **年末年始**、ご家族お揃いで穏やかに過ごされますように。
- 下 **寒さはこれから**が本番です。お体お大事に**よい新年**をお迎えください。
- 下 **明年**も幸多き充実した一年となりますよう、お祈りいたします。
- 下 年を越えて実を結ぶ**麦**[*20]のように、**新年を実りの年**にしたいですね。
- 下 輝かしい**ご越年**[*21]をお祈り申し上げます。
- 下 **来る新しい年**が素晴らしいものとなるよう、お祈りいたしております。
- 下 **寒さも本格的**になってまいりました。お元気で**新年**をお迎えください。
- **忘年会**シーズンですね。くれぐれもご無理をなさらぬように。
- **寒さ厳しい折**から、健康にお気をつけてお過ごしください。
- **年末に向けご多忙**のことと存じますが、どうぞご自愛ください。
- 例年にない**積雪**のようですね。お足元にお気をつけてください。
- 慌ただしい**師走**ですが、くれぐれもお体にはご留意ください。
- 心せわしい**年の暮れ**を迎え、何かとご多忙とは存じますが、お体に気をつけてお過ごしください。

＊19　光陰《こういん》矢のごとし
月日の流れが早いことを、飛ぶ矢に例えた表現。

＊20　麦
麦は秋に種をまき、翌年の初夏に収穫します。「年越《としこえ》草《ぐさ》」という異名もあります。

＊21　ご越年《えつねん》
年を越して新しい年を迎えること。

二十四節気《にじゅうしせっき》とは？

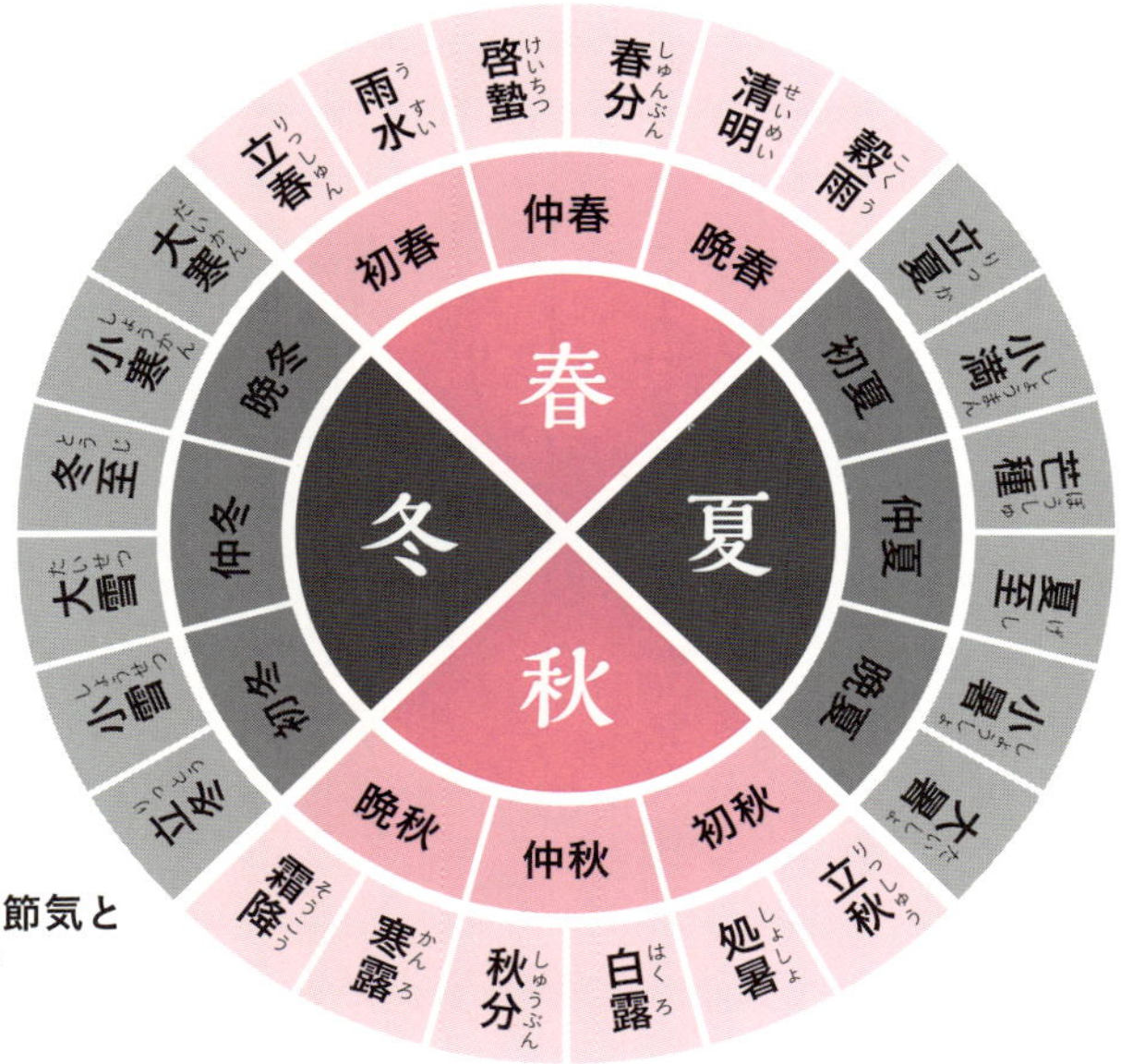

二十四節気と
三区分

四季より細やかな「二十四節気」

現代では、一年には四つの季節＝四季があるという考え方が一般的です。しかし古くは、春夏秋冬をそれぞれ六つの節気に分けた「二十四節気」が身近に使われていました。

ひとつの節気は約十五日間あり、「立春」「立夏」「立秋」「立冬」はそれぞれ、春夏秋冬の最初の節気です。よくいう「暦のうえでは春」とは、立春を迎えたということです。

「三区分」と「七十二候《しちじゅうにこう》」

春夏秋冬をそれぞれ三つに分けて初・仲・晩としたのが「三区分」で、ひとつの区分は二節気にあたります。例えば夏は「初夏」「仲夏」「晩夏」に分けられ、初夏は二十四節気の「立夏」「小満」にあたる、という具合です。

二十四節気をさらに三つずつに分けたのが「七十二候」です。ひとつの候は約五日間で、気象や動植物の変化を短い言葉で表しました。

日本ではこのようにして季節の移ろいを把握し、生活や農作業の参考にしていたのです。

第三章

贈り物の言葉

お中元・お歳暮に添える言葉

お中元は六月下旬～十五日までに、お歳暮は十二月初め～二十日に届けるのが一般的（関東の場合）。最近では、直接手渡さずにデパートなどから送るケースも増えていますが、その際も送り状は添えましょう。

●相手を選ばずに使える言葉①

夏（年末）のご挨拶として～

・文例・

夏のご挨拶として、心ばかりではございますが、水菓子をお送りいたします。

・解説・

「お中元として」「お歳暮として」という直接的な表現より、気の利いた印象を与えます。ほかに「季節の贈り物」「夏（冬）のもの」といった言い方もできます。

●相手を選ばずに使える言葉②

気持ちばかりではありますが～

・文例・

気持ちばかりではありますが、地元で話題のスイーツを送ります。

・解説・

かつてはよく「つまらないものですが」と言いましたが、卑下しすぎた印象のため、最近ではあまり使われません。「ほんの気持ち」「心ばかり」などにも言い換えられます。

品物と送り状を別々に送る場合

別便にて〇〇をお送りいたします。

文例

季節の贈り物として、
別便にてハムの詰め合わせをお送りいたします。

解説

品物と送り状を別々に送る場合は、必ず送り状が先に着くようにタイミングを計りましょう。具体的な品名は書かず、「気持ちばかりの品」などとしてもかまいません。

相手に気を遣わせたくない場合①

受け取っていただけたら、それだけで～

文例

ほんの気持ちですので、
受け取っていただけたら、それだけでうれしいです。

解説

相手に「お返しをしなければ」という気を遣わせないためのひと言です。「また相談に乗ってください」などごく小さな頼み事を加えると、より相手の気持ちは軽くなります。

相手に気を遣わせたくない場合②

贈らせてください。

文例

精一杯の感謝の気持ちとして、この品を贈らせてください。

解説

「お返しは結構です」という直接的な表現を使わずに、相手の負担を和らげるひと言です。「あなたから受けた恩には到底及びませんが」という気持ちがこもっています。

取引先へ①

日頃のご厚情へのお礼としまして〜

文例

日頃のご厚情へのお礼としまして、
心ばかりの品をお送りいたします。

解説

取引先や上司など目上の相手には、感謝の気持ちを伝える言葉も忘れずに。「ご厚情」はほかに、「ご厚誼」「ご高配」といった言葉に言い換えてもよいでしょう。

取引先へ②

会社の皆さんで召し上がってください。

文例

ささやかですが、会社の皆さんで召し上がってください。

解説

贈られる側にとって、自分の周りの人にも気を遣ってもらえることはうれしいもの。相手によって「ご家族で」「スタッフ皆さんで」など使い分けもできます。

お世話になっている相手へ

どうぞお納めください。

文例

季節の品をお送りいたしましたので、
どうぞお納めください。

解説

「どうぞお受け取りください」という表現よりも、スマートに感じられます。目上の相手に対しては、「ご笑納ください」という言い回しを使うと、よりかしこまった印象に。

●親しい相手へ①

晩酌のお供に～

・文例・

チーズを送りますね。
ワイン好きな旦那様と、晩酌のお供にどうぞ。

・解説・ 趣味や嗜好を知っている相手へ送る場合、その品物を選んだ理由や、それを食べる（使う）シーンを盛り込んだ文章にすることで、より親しみがこもり、文章が生き生きします。

●親しい相手へ②

あなたが好きな〇〇を～

・文例・

あなたが好きな桃が旬を迎えたので、送りますね。

・解説・ 相手の好物などの場合、あえてそれを伝えることで、受け取る側も「自分を思ってくれている」とうれしく感じるはずです。かしこまった相手には「〇〇がお好きと伺い」と。

Column

贈り物をする理由も忘れずに

当たり前と思って送ったお中元やお歳暮も、相手によっては「なぜ？」と戸惑うこともあるかもしれません。添える手紙には、送る理由も書いておきましょう。また、季節の贈り物でもあるだけに、文頭で時候のあいさつを入れるとより丁寧です。

そうしたことを踏まえ、以下のように書き進めるとよいでしょう。

〈**①時候のあいさつ→②日頃の感謝の言葉→③お中元（お歳暮）の品を送るというお知らせ（なぜ、何を送ったか）→④結びのあいさつ**〉

クリスマスカードに添える言葉

デザインを決めるのも楽しいクリスマスカード。まずは、「メリークリスマス」などの言葉で書き始めることが一般的です。受け取った人が温かい気持ちになるよう、明るくハッピーな言葉を選びましょう。

●相手を選ばずに使える言葉①

街のイルミネーションが〜

文例

この季節、街のイルミネーションがきれいでその中を歩くだけでも幸せな気持ちになりますよね。

解説

ほかにクリスマスツリーやサンタクロースなど、誰もがその光景を思い浮かべることができるクリスマス特有のアイテムを盛り込んで、華やかな気持ちを表現しましょう。

●相手を選ばずに使える言葉②

サンタクロースの代わりに〜

文例

いつも頑張っているあなたのために、私がサンタクロースの代わりとなってプレゼントをお届けします。

解説

クリスマスプレゼントの贈り主といえば、やっぱりサンタクロース。祖父母から孫へ、子どもから親へ、友だち同士や恋人同士など、どんな関係性でも使えます。

● 年賀状を送らない場合①

素敵なクリスマスとよい新年が(を)〜

・文例・
あなたにとって、
素敵なクリスマスとよい新年が訪れますように。

・解説・ カードの結びでは、相手の幸せを願うひと言を入れると好感度がアップ。普段、年賀状を送らない相手には、素晴らしい新年を祈願するような言葉を添えるとよいでしょう。

● 年賀状を送らない場合②

年賀状の代わりにクリスマスカードを

・文例・
今年は趣向を変えて、
年賀状の代わりにクリスマスカードを送ります。

・解説・ 喪中はがきを送ることで気を遣わせたくない場合、クリスマスカードで新年のあいさつを兼ねる方法もあります。文末では「よいお年を」など、新しい年へ向けたひと言を添えて。

● 親しい相手へ

この先も幸せなクリスマスを〜

・文例・
この先もずっと、
○○ちゃんが幸せなクリスマスを過ごせますように。

・解説・ 数ある季節ごとのイベントのなかでも、ひと際クリスマスは特別感と幸福感があるもの。相手の幸せを願うときは、少しキザな言葉を使うぐらいが心に刺さりそうです。

バレンタインチョコに添える言葉

恋人同士はもちろん、片思いの相手、友だち、普段お世話になっている上司など、渡す相手もさまざまなのがバレンタイン。カードには、相手への日頃の思いを示しましょう。

相手を選ばずに使える言葉

息抜きに～

文例

仕事の合間の息抜きに、甘いチョコを召し上がって、エネルギーをチャージしてください。

解説

疲れているときやストレスがたまっているときは、甘いものを食べたくなるもの。相手をいたわり応援したい気持ちがこもったこのフレーズは、どんな関係性でも万能です。

お世話になっている相手へ

日頃のお力添えに感謝し、評判の○○の～

文例

日頃のお力添えに感謝し、評判の○○のチョコレートをお贈りいたします。

解説

特別感のある品物に感謝の言葉を添えることで、お礼の気持ちがいっそう伝わります。本命だと誤解されたくない場合は「皆さんでお召し上がりください」とつけ加えて。

友人へ

あなたにいつも助けられています。

文例

あなたにいつも助けられています。
これからもまた相談に乗ってね。

解説

素直に感謝の気持ちを伝えつつも、「今の関係を維持したい」という一文を添えて。冗談の通じる相手にはちょっと強めに「これは義理チョコです！」と言い換えても。

片思いの相手へ

今度〇〇に行きませんか？

文例

いつも助けてくれてありがとう。
今度、〇〇の特別展に行きませんか？

解説

ストレートな愛の言葉を使わなくても、あなたのほのかな好意は伝わるはずです。少しずつ距離を縮めたい場合、相手に「さぐり」を入れたい場合などに最適な表現です。

恋人へ

来年も、あなたにチョコを～

文例

来年も、あなたに手づくりのチョコを渡せたらよいなと思っています。

解説

恋人であればどんな言葉でもうれしいでしょうが、特別な日だからこそ、シンプルな言葉のほうが印象に残ることも。チョコを手づくりにすれば、より気持ちが伝わりそう。

母の日・父の日に贈る言葉

五月の第二日曜日が母の日、六月の第三日曜日が父の日。普段は照れくさくて言えない感謝の言葉や、元気でいてほしいと願う気持ちも、このときぐらいは素直に表してみませんか？

母の日にも父の日にも使える言葉

いつまでも素敵なお母さん（お父さん）で～

文例

いつもは照れくさくて言えないけれど、お母さんは私の自慢です。いつまでも素敵なお母さんでいてね。

解説

「料理上手」「頼りになる」など、よいところを具体的に挙げましょう。「普段は言えないけれど」と添えると、「普段から思っていてくれているんだ」と喜ばれるはずです。

離れて暮らしている場合

帰りたくなってしまいました。

文例

普段は仕事に没頭している私ですが、こうして手紙を書いていると、久しぶりに帰りたくなってしまいました。

解説

いつまでたっても親にとって子どもは大切な存在。ましてや別々に暮らしているならば、さらに心配も尽きないはず。「私は元気です」など、安心させる言葉も添えましょう。

義父・義母へ

～のおかげです。

文例

いつも新鮮なお野菜をありがとうございます。私たち家族が元気で過ごせているのも、栄養満点なお野菜のおかげです。

解説

「ありがとう」というストレートな言葉だけでなく、「あなたのおかげで」というフレーズを使うと、より感謝の気持ちが伝わるとともに、相手の承認欲求も満たせます。

母の日にカーネーションを贈る場合

イメージにピッタリの～

文例

どの色にしようかと迷いましたが、お母さんのイメージにピッタリのピンクのカーネーションにしました。

解説

定番の贈り物も、似合う色や好きな色を選ぶと、オリジナリティが出ます。花言葉にとらわれることはありませんが、黄は「軽蔑」、白は「亡くなった母への愛」を意味するため注意。

父の日にネクタイを贈る場合

いつまでも現役で～

文例

何を贈ろうかとずっと考えていましたが、いつまでも現役でいてほしいから、ネクタイを選びました。

解説

家族のために働いてくれていることへの感謝、いつまでも元気でいてほしい気持ちが伝わるフレーズです。「ずっと考えて」は、「ずいぶん迷って」「〇〇にも相談して」としても。

敬老の日に贈る言葉

かつては九月十五日でしたが、二〇〇三年より九月の第三月曜日が敬老の日に。祖父母だけでなく、歳を重ねた両親にも、「いつまでも元気でいて」という思いをこめたメッセージを送りましょう。

オーソドックスに使える言葉

私の誇りです。

文例

いつも元気でたくさんのお友だちに囲まれている
おばあちゃんは、私の誇りです。

解説

長寿であったり、歳を重ねてもはつらつとした毎日を過ごしていることは素晴らしいこと。身内として、自慢に思っているという気持ちを伝えましょう。

普段なかなか会えない場合

～は今でもいい思い出です。

文例

最近はなかなか会えないけれど、子どものときに毎年
おじいちゃんの家で過ごした夏休みは、今でもいい思い出です。

解説

遠く離れていて頻繁に会えない場合は、かつて一緒に過ごしたときのエピソードを添えて。「いつまでも覚えていてくれている」と、きっとうれしく感じるはずです。

●祖父母へ

〜までは元気でいてね。

・文例・

私が子どもを産んで、おばあちゃんに曾孫の顔を見せるまでは元気でいてね。

・解説・

「それまで元気で頑張ろう」と思えるような、心の張りや生きがいにつながる事柄を添えましょう。すぐ目の前のことではなく、少し遠い将来のことにするのがコツです。

●若さに自信がある人へ

「敬老の日なんて」と言われそうですが〜

・文例・

「敬老の日のお祝いなんてまだ先のこと」と怒られそうですが、ほんの感謝の気持ちです。

・解説・

「まだ若い」という思いをくみ取りつつ、普段の感謝の気持ちを表現しましょう。「いつまでも若いままでいてね」というひと言を添えると、より効果的です。

●体に不調がある人へ

その後、○○の具合はどうですか？

・文例・

その後、膝の具合はどうですか？　少し休んでしっかり治してから、またウォーキングを頑張ってね。

・解説・

体調が万全ではないことがわかっている場合は、やみくもに「いつまでも元気でね」ではなく、体をいたわる言葉を盛り込みましょう。相手を思いやる気持ちが伝わります。

お土産や季節の品に添える言葉

ちょっとした手土産でも、ひと言メッセージを添えるとより丁寧な印象になります。押しつけがましくならないよう、また相手が気軽な気持ちで受け取れるような言葉を選びましょう。

●相手を選ばずに使える言葉

気に入ってもらえたら、うれしいです。

・文例・

ふと目にとまったのでお持ちしました。気に入ってもらえたら、うれしいです。

・解説・

「お口に合ったらうれしい」「使ってもらえたらうれしい」など、こちらの願いを伝えながら、相手を尊重するニュアンスも含んでいます。目上の相手には「～たら幸いです」。

●自分にいただいた品を渡す場合①

到来《とうらい》ものですが～

・文例・

到来もので恐縮ですが、おひとつお召し上がりください。

・解説・

「到来もの」とは、いただきもののこと。よそからの品を渡す場合は、必ず伝え添えます。親しい相手の場合はそのまま「いただきものですが」でもかまいません。

自分にいただいた品を渡す場合②

お福分けに～

文例

少ないですが、お福分けにとお持ちしました。

解説

「お裾分け」と同義ですが、本来は目下の相手に対して使う言葉なので、「お福分け」と言い換えて丁寧に。「おひとつですが」など、恐縮する言葉を添えてもよいでしょう。

お世話になっている相手へ

日頃のお礼に～

文例

ちょっとしたものですが、日頃のお礼にお送りします。

解説

こう伝えることで相手の負担を和らげることができる、便利な言い回しです。「社員の皆さんで」「お子様のおやつに」などと伝えると、よりあなたの気遣いが伝わります。

帰省のお土産を渡す場合

地元の名産の～

文例

独自の製法で昔から伝わる、地元の名産のぽん酢をお持ちしました。

解説

ただ渡すよりも、その品物についてのいわれや特徴も一緒に伝えると、相手の心に残りやすいものです。おすすめの使用法・料理法・保存法がある場合はその旨も忘れずに。

贈り物のマナー

お中元・お歳暮には送り状をつけて

つき合いの深い職場の上司や取引先、結婚していればお互いの両親などに、日頃の感謝の気持ちをこめて贈るのがお中元・お歳暮です。

お中元は六月下旬から十五日までに、旧盆の習慣が残る関西では七月十五日から八月十五日までに贈ります。お歳暮は十二月初めから二十日までが目安です。

お中元をお贈りしたらお歳暮も贈りますが、関係性によってはお歳暮だけでもかまいません。

金額の目安は三千〜五千円くらい。品物は、ご夫婦やおひとりなら量より質の高いもの、お子さんのいる家庭なら家族みんなで楽しめるものなど、相手に合わせて選びましょう。

直接お会いして品物をお渡しするのが本来ですが、遠方の方など難しい場合は送り状を添えてお送りします。店舗から直接発送する場合など、品物に添えるのが難しければ、別便で送り状をお送りしましょう。はがきでも失礼はありません。品物が着く前に届くよう手配するのがマナーです。

プレゼントは関係にふさわしい品を

贈り物をする際は、ものにこめられた「意味」も踏まえるとスマートです。相手との関係や贈るシーンも考え、そぐわないものは控えましょう。

●目上の方への贈り物で避けたい品

・時計、かばん、筆記具…「勤勉」の意味がある
・ベルト…「腹を締めてかかれ」の意味がある
・靴下…「足で踏む」の意味がある

●お祝いの贈り物で避けたい品

・日本茶…弔事によく使われ縁起が悪い印象
・ハンカチ…「手巾《てぎれ》」と書くため「縁の手切れ」を連想させ、特に結婚のお祝いには不向き
・彼岸花、白い菊…縁起が悪い印象

手渡しでなく発送する場合は、メッセージカードを添えれば心が伝わりやすいですね。カードの書き方に決まりはありませんが、日頃の感謝や贈り物を選んだ理由、使い方（食べ方）、「喜んでくれたらうれしいです」など使っているシーンを想像して書くとよいでしょう。

第四章

お祝いの言葉

一般的なお祝いの言葉

お祝いの定番フレーズ、「おめでとう」は、「めでる」に「はなはだしい」という意味の「いたし」を合わせせた「めでいたし」が変化した言葉です。お祝いの心が伝わるさまざまな表現をご紹介します。

● 相手を選ばずに使える言葉①

お祝い申し上げます。

・文例・

健やかなお子さんのご出産、誠におめでたく、心よりお祝い申し上げます。

・解説・

結婚、合格、退院、長寿など、どのようなシーンでも使いやすいシンプルなお祝いの言葉です。「さらなるご多幸をお祈りしております」などを言い添えてもよいでしょう。

● 相手を選ばずに使える言葉②

お慶《よろこ》び申し上げます。

・文例・

このたびはご結婚が決まられたとのこと、心からお慶び申し上げます。

・解説・

「喜ぶ」が「うれしい、楽しい」という感情のみを表現するのに対し、「慶ぶ」には「めでたいとお祝いする」という意味が。結婚、出産、入学のような慶事にふさわしい言葉です。

●相手を選ばずに使える言葉③

晴れて○○の日を迎えられ～

・文例・

○○様には、晴れて初孫誕生の日を迎えられ、さぞお喜びのことでしょう。

・解説・

「ご婚礼の日」「成人の日」など、お祝いごとに合わせてさまざまなシーンで使えます。人生のなかで、華々しい瞬間を迎えたことをお祝いする気持ちが伝わるでしょう。

●相手を選ばずに使える言葉④

～を寿《ことほ》ぎ、

・文例・

○○様の還暦を寿ぎ、心ばかりのお祝いを贈らせていただきます。

・解説・

「寿ぐ」は「言祝ぐ」とも書き、これだけで「言葉で祝い、幸運を祈る」という意味があります。雅やかで、使いこなせば上品な印象を与えられるフレーズです。

●かしこまった表現

慶賀《けいが》に堪《た》えません。

・文例・

大病を乗り越えられてご退院の日をお迎えの由、慶賀に堪えません。

・解説・

「慶賀」とは喜び祝うこと。「慶賀に堪えない」とは、めでたく喜ぶ気持ちを抑えきれないという意味です。改まった相手に使いましょう。「慶賀の至《いた》りに存じます」としても。

結婚のお祝いに添える言葉

お祝いの手紙を送るタイミングは、早くて結婚式の2か月前からです。結婚式が終わってしまった場合は、なるべく早めに送りましょう。忌み言葉は避けるのがマナーです（→133ページ）。

●相手を選ばずに使える言葉

晴れの門出を〜

文例

おふたりの晴れの門出を心よりお祝い申し上げます。

解説

「晴れ」とは、日常的な状況を指す褻（ケ）に対して、特別でめでたい状況を示す言葉です。「門出」は、旅や新たな生活へ向けて出発することで、激励と祝福を込めて用います。

●結婚相手を知らない場合

○○さんが見初めた方なら、きっと〜

文例

お相手とは旅先で出会われたとか。○○さんが見初めた方なら、きっと素敵な女性でしょうね。

解説

「見初める」とは、異性をひと目見て恋心を抱くことを言います。「一目惚れ」と同じ意味ですが、より奥ゆかしい印象を与えられます。男女の初めての契りという意味もあります。

結婚相手を人づてに知っている場合

お相手は心根の温かい方だと伺いました。

文例

お相手は心根の温かい女性だと伺いました。お会いできるのが楽しみです。

解説

「心根」とは、心の奥底、本当の心という意味。結婚相手をほめる場合はほかに、「明るく朗らか」「さりげない気配りができる」「笑顔が素敵」など、内面についての言葉を添えて。

新郎新婦をよく知っている場合

仲睦まじいおふたりのご結婚を〜

文例

学生時代から知る私としては、仲睦まじいおふたりのご結婚を心よりうれしく思います。

解説

「仲睦まじい」とは、特に男女間で親密な様子を表す言葉です。今後のふたりを想像して「仲睦まじいご夫婦になられることでしょう」という使い方もできます。

Column

結婚・婚約にまつわる「忌み言葉」とは

結婚をお祝いする際には、「別れ」を連想する言葉や、一回かぎりであるべき結婚を「くり返す」ことを連想する「重ね言葉」は避けるのがマナーとされており、これらを「忌み言葉」といいます。手紙同様、結婚式のスピーチでも避けるべき言葉です。

●例

去る　出る　終わる　切る　帰る　戻る
枯れる　壊れる　離れる　別れる　嫌う　冷える
割れる　失う　断つ　重ねる　やり直す　移る
たびたび　またまた　ますます　重ね重ね　しばしば
くれぐれも　再び　再度　再三　ほか

おめでた婚の場合

おめでたいことをふたつ同時に〜

文例

ご結婚とご懐妊、おめでたいことをふたつ同時に迎えられ、私まで幸せな気持ちです。

解説

最近ではおめでた婚も一般的になりました。「たくさんの幸せがやってきた」と、前向きな言葉でお祝いします。安産をお祈りする言葉も添えるとよいでしょう。

新郎新婦の親へ

お子さんの晴れ着姿が楽しみですね。

文例

これで子育てもひと段落。お子さんの晴れ着姿が楽しみですね。

解説

結婚式を楽しみにしている親の気持ちに寄り添った言葉です。子どもが結婚すれば「子育て卒業」という考え方もあり、ねぎらいの言葉を添えるのもよいでしょう。

シャンパンを贈る場合

シャンパンの泡のように、たくさんの幸せが〜

文例

シャンパンの泡のように、たくさんの幸せが湧き上がることをお祈りしています。

解説

シャンパンは結婚祝いの定番。グラスに注ぐと泡が立つことから、「たくさんの幸せが沸き上がりますように」という意味があります。泡がパチパチはじける音は「天使の拍手」とも。

出産のお祝いに添える言葉

出産の知らせを受けたら、なるべく早くお祝いを送るのが礼儀です。誕生を祝う言葉とともに、母親の産後の肥立ちについて気遣い、赤ちゃんの健やかな成長を願う言葉を盛り込みましょう。

相手を選ばずに使える言葉①

このたびは、待望のお子さんの誕生〜

文例

このたびは、待望のお子さんの誕生おめでとうございます。ご希望どおりの女の子だそうですね。

解説

まずは、赤ちゃんが生まれたお祝いの言葉をストレートに表現します。名前が決まってない場合の呼びかけは、「赤ちゃん」「男(女)のお子様」などで。

相手を選ばずに使える言葉②

母子ともに健康と伺い、何よりです。

文例

ご安産、本当におめでとうございます。母子ともに健康と伺い、何よりのことと安堵しております。

解説

お祝いの言葉とともに、母親と赤ちゃんの無事を喜ぶひと言を。「初めての出産で、不安も大きかったでしょうに」など、母親をねぎらう言葉を盛り込んでもよいでしょう。

相手を選ばずに使える言葉③

健やかな成長をお祈り申し上げます。

文例
赤ちゃんのこれからの、
健やかな成長をお祈り申し上げます。

解説
赤ちゃんの今後の健康と幸せを祈念する言葉も盛り込みましょう。「皆様そろって健やかにお過ごしになられますよう」など、家族全員の幸せを願う言葉でもよいでしょう。

第二子の出産の場合

おひとり目とはまた違った感情が～

文例
おひとり目とはまた違った感情が
あふれていらっしゃるのではないでしょうか。

解説
何度目かの出産であっても、その喜びや大変さは減るものではありません。人生の転機をともに喜び、見守れるうれしさが伝わるようなメッセージにしましょう。

親しい相手へ

赤ちゃんにお会いできる日を楽しみに～

文例
元気でかわいらしい赤ちゃんに
お会いできる日を楽しみにしています。

解説
生まれたばかりのわが子に「会いたい」と言われることは、両親にとってうれしいもの。喜びの気持ちもより伝わります。目上の方には「お顔を拝見できる日を～」など。

●孫の誕生を祝う場合

うれしそうなお顔が目に浮かびます。

・文例・
このたびのお孫さんの誕生、誠におめでとうございます。○○さんのうれしそうなお顔が目に浮かびます。

・解説・
「○○さんとお孫さんにも、ぜひお会いしたいものです」「初めてのお孫さんの誕生、お子さんのときとはまた違った感情が芽生えたのでは？」など、親しみをこめた文面に。

●贈り物に添える場合

心ばかりですが、お祝いの気持ちをこめて〜

・文例・
心ばかりですが、お祝いの気持ちをこめてベビー服を贈ります。気に入ってもらえるといいのですが。

・解説・
出産祝いの贈り物をする際は、メッセージの文末にさりげなくその旨を伝えます。慣れない育児で忙しい夫婦に負担を感じさせないような言い回しを考えましょう。

Column

出産にまつわる「忌み言葉」とは

出産を祝う手紙は、〈①**出産を祝う**→②**母子の健康を喜ぶ**→③**子どもの成長・健康を祈念する**→④**母親をいたわる**〉という構成で書くと気持ちがきちんと伝わります。親しい相手の場合は時候のあいさつを省き、いきなりお祝いの言葉から始めてもよいでしょう。また、子どもの性別について「よかった」「残念だった」という表現や、忌み言葉の使用は避けましょう。

●例　流れる　落ちる　消える　滅びる　死ぬ（四）　苦しむ（九）　破れる　欠ける　失う　枯れる　逝く　短い　弱い　薄い　浅い　ほか

初節句・七五三のお祝いに添える言葉

初節句は子どもが生まれて初めて迎える節句。男の子は五月五日の端午の節句、女の子は三月三日の桃の節句です。七五三は、男の子は五歳だけ、女の子は三歳と七歳で祝うのが一般的です。

● 相手を選ばずに使える言葉①

かわいい盛りでしょうね。

文例

出産のお知らせをいただいたのが、つい昨日のことのようです。今ではだいぶ言葉も増え、かわいい盛りでしょうね。

解説

「もう歩くようになったかな」「お話も上手になったでしょう」など、子どもの成長を想像した言葉を前後に添えると、成長をともに喜んでいる様子が伝わるはずです。

● 相手を選ばずに使える言葉②

健やかな成長と、皆様のご多幸を～

文例

今後の○○ちゃんの健やかな成長と、○○家の皆様のご多幸をお祈りしています。

解説

手紙の最後には、子どもの成長と相手家族について、さらなる繁栄を祈る言葉を。家族ぐるみのつき合いの場合は、「私ども」「夫婦ともども祈っています」などと加えます。

桃の節句の書き出し

少しずつ梅のつぼみも膨らみ始め〜

文例

少しずつ梅のつぼみも膨らみ始め、○○ちゃんの桃の節句が近づいてきましたね。

解説

子どもの成長を祝う手紙では、時候のあいさつでも明るく幸せな言葉を選びましょう。桃の節句の場合は「春の訪れ」「立春」など。なお、お祝いは二月中旬までに送ります。

端午の節句の書き出し

春光うららかな季節に〜

文例

春光うららかな季節になってきました。そろそろ○○くんの初節句ですね。

解説

端午の節句のお祝いは、四月中旬までに届くようにします。この時期の時候のあいさつとしてふさわしい言葉には、「陽春」「春の風」「牡丹」「たけのこ」「つばめ」などがあります。

七五三の書き出し

イチョウの葉も黄金色に〜

文例

イチョウの葉も黄金色に色づいてきましたね。このたびは○○くんの七五三のお祝い、誠におめでとうございます。

解説

七五三は十一月十五日に神社で祝うもの。お祝いを送る場合、十月中旬から十一月初旬までに届くようにしましょう。時候の表現は「秋深く」「紅葉」「澄みわたる空」など。

入園・入学のお祝いに添える言葉

入園や入学のお祝いは、三月上旬から入学（入園）式までに送ります。お祝いの品としては、現金や図書カードが一般的。健康や成長を祈念する言葉とともに送りましょう。

相手を選ばずに使える言葉

さらなる～を祈っています。

文例

今後も○○ちゃんのさらなる健康と飛躍を祈っています。

解説

多幸を祈る言葉は必須。「幼稚園での生活が楽しいものでありますように」「今後の学生生活が素晴らしいものとなりますように」など新生活への希望を感じさせる言葉とともに。

幼稚園入園・小学校入学の場合

真新しい制服に身を包み～

文例

真新しい制服に身を包み、ちょっぴり大人っぽい表情を浮かべている○○くんの顔が目に浮かびます。

解説

幼稚園入園や小学校入学のお祝いの手紙は、親に宛てて出すことが一般的。「自分も一緒に成長を喜んでいる」という気持ちを表現できるとよいでしょう。

中学校入学の場合

ご両親も、さぞ誇りに思っていることでしょう。

・文例・

〇〇ちゃん、中学校入学おめでとう。
あなたの成長を、ご両親もさぞ誇りに思っていることでしょう。

・解説・ 中学入学時は、一人前という意味をこめて本人にお祝いの手紙を送ります。両親へのいたわりや、親の気持ちを代弁するような言葉を添えるとよいでしょう。

高校・大学入学の場合

将来きっと役に立つはずです。

・文例・

大学とバイトの両立は厳しく、大変なことも多いでしょう。
でもその経験は、将来きっと役に立つはずです。

・解説・ 本人に宛てた手紙では、人生の先輩としてのちょっとしたアドバイスを加えてもよいでしょう。ただし、説教がましくなったり、くどくならないように注意します。

Column

詮索するような言葉はタブー

入園・入学のお祝いでは、「さらなる成長・活躍を祈る」言葉を盛り込みましょう。本人宛に送る場合は、家族や両親をねぎらう気持ちも忘れずに。一方、詮索するような内容は禁物。「県内でもトップクラスだそうですね」「著名人のご令嬢・ご子息も多い有名校だと伺いました」といった表現も、避けたほうが無難です。

また、忌み言葉にも注意を。

●例 落ちる　滑る　流れる　終わる　破れる
崩れる　取り消す　くじける　壊れる
しばしば　重ね重ね　ほか

合格のお祝いに添える言葉

合格の知らせを受けたら、なるべく早く送りましょう。努力をねぎらい、合格を心から喜ぶ気持ちを表現します。その際は、141ページにあるような忌み言葉にも注意してください。

●相手を選ばずに使える言葉

日頃の努力の賜物《たまもの》ですね。

文例
めでたく第一志望の大学に合格されたとのこと。日頃の努力の賜物ですね。

解説
努力・熱意・頑張りを称える言葉は、何より大事です。その際、学校名やランクにこだわることは失礼にあたるので、さらっと触れる程度にとどめましょう。

●親へ

ご本人はもとより、ご両親様のお喜びは〜

文例
ご本人はもとより、これまで成長を支え続けてきたご両親様のお喜びはひとしおのことでしょう。

解説
親に宛てた手紙では、子どもの成長や頑張りをともに喜んでいることが伝わる表現にしましょう。名前がわからない場合は「ご子息」「ご令嬢」「ご息女」という言い方も。

● 親しい相手へ

まるで自分のことのように〜

・文例・

生まれたときから成長を見てきた〇〇くんの高校合格、私もまるで自分のことのようにうれしく思っています。

・解説・

本人と親、どちらに宛てた手紙でも使うことができ、かつ相手に寄り添っている感情が伝わる言葉です。本人の努力や頑張りをほめ称える言葉も盛り込みましょう。

● 先輩や友人へ

私もあなたのように〇〇な人間に〜

・文例・

仕事をしながらの勉強は本当に大変だったことでしょう。私も先輩のように、初志貫徹できる人間になりたいです。

・解説・

お祝いの気持ちとともに、相手を尊敬する気持ちも伝えられます。年下の相手に送る場合は、「あなたの頑張りは、私にとっても学ぶところが大きい」などとしましょう。

● 現金を贈る場合

気持ちですがお祝いのしるしを同封します。

・文例・

気持ちですがお祝いのしるしを同封しますので、お役立ていただければ幸いです。

・解説・

今後の学業や活動に役立ててもらえるよう、お祝いを贈る場合は現金や商品券にするとよいでしょう。金額や「お金」などの直接的な表現を避けるとスマートです。

卒業・就職のお祝いに添える言葉

学生生活を終え、初めて社会に出るこのタイミング。本人や家族は、晴れがましさと不安が入り混じった感情を抱えているはずです。門出を祝い、今後の活躍を応援する、前向きな内容にしましょう。

相手を選ばずに使える言葉①

いよいよ社会人デビューですね。

文例

〇〇さん、このたびはご卒業おめでとうございます。いよいよ社会人デビューですね。

解説

卒業と就職のお祝いは、別々の手紙にする必要はありません。「おめでとう」の言葉とともに、今後の活躍を期待するフレーズを続けるとよいでしょう。

相手を選ばずに使える言葉②

今後のご活躍を期待しています。

文例

自らの手で充実した人生を送られるよう、今後のご活躍を期待しています。

解説

「持ち前の〇〇を発揮し、存分にご活躍ください」「さらなる発展をお祈りしています」「よい仕事ができるよう応援しています」など、手紙の結びには将来を応援する言葉を。

●本人へ

ご家族もさぞお喜びのことでしょう。

・文例・
希望どおりの進路を進むことができ、ご家族の皆様もさぞお喜びのことでしょう。

・解説・
本人へ送る場合は、家族の気持ちを代弁した言葉も盛り込みます。「お喜び」は、ほかに「うれしくお思い」「誇りにお感じ」「晴れがましいお気持ち」などにも言い換えられます。

●親しい相手へ

○○なあなたにふさわしいお仕事ですね。

・文例・
介護関連のお仕事に就かれるとのこと、日頃から「誰かの役に立ちたい」と言っていたあなたにふさわしいお仕事ですね。

・解説・
相手のことをわかっているからこその表現です。相手にとって不本意な就職となった場合も、なぐめるのではなく前向きに仕事に取り組めるような内容を心がけましょう。

●後輩や年下の相手へ

学生の頃とはまた違った〜

・文例・
学生の頃とはまた違った壁にぶつかることもあるかもしれませんが、○○さんならきっと乗り越えられます。

・解説・
人生の先輩としてのメッセージを盛り込む場合は、あまりプレッシャーを感じさせる内容や、不安をかき立てる言い回しは避けます。「あなたなら大丈夫」とひと言添えて。

成人のお祝いに添える言葉

これまでの成長を喜ぶとともに、大人としてのスタートをきる本人に向けての励ましを伝えましょう。お祝いは成人式の前日までに届くよう送ります。

●相手を選ばずに使える言葉

めでたく成人式を迎えられ〜

・文例・

このたびはめでたく成人式を迎えられたとのこと、心からお慶び申し上げます。

・解説・

「成人式」「成人」「成人の日」「新成人」、いずれの言葉でもお祝いできます。「めでたく」の部分は「希望に満ちた」「晴れて」といった言葉にも置き換えられます。

●本人へ

ご両親への○○を忘れずに〜

・文例・

これからもご両親への感謝の気持ちを忘れずに、しっかりと自身の道を歩んでいってください。

・解説・

「ご両親の愛情」「ご両親を大切に思う気持ち」など、一人前になるまで育ててくれた両親を慮る言葉を盛り込むと、より成人のお祝いにふさわしい内容になります。

長く本人と会っていない場合

成長なさった姿を想像しながら〜

文例

美しく成長なさった○○さんの晴れ着姿を想像しながら、この手紙をしたためています。

解説

「さぞ頼もしく成長され、道ですれ違ってもわからないでしょうね」など、「しっかり成長したはず」というニュアンスを表現することで、成人を祝い喜ぶ気持ちが伝わります。

わが子へ

元気に育ってくれて、本当にありがとう。

文例

成人おめでとう。ここまで元気に育ってくれて、本当にありがとうね。

解説

喜びを感謝の言葉で表現すると、親としての深い愛情が伝わります。逆に、「手を焼かされたこともあったけど」など皮肉交じりの表現も、親子だからこそ心に染みます。

贈り物に添える場合

新成人を祝し、心ばかりですが〜

文例

新成人を祝し、心ばかりですが万年筆を送らせていただきます。

解説

「〜を祝し」という言葉は、誕生・合格・入学・昇進などおめでたい出来事すべてに使えます。品物を贈る場合は、必要なものや好みなどをあらかじめ聞いてからにしましょう。

誕生日のお祝いに添える言葉

一年に一度の特別な日。普段はなかなか会えなくても、プレゼントがなくても、言葉だけで人は「私の誕生日を覚えていてくれた」とうれしくなるものです。誕生日当日に届くように送りましょう。

相手を選ばずに使える言葉

幸せな一年になりますように。

文例

誕生日おめでとう。
○○くんにとって、幸せな一年になりますように。

解説

「〜でありますように」「〜になりますように」というひと言を添えると、相手の幸せを願う気持ちが伝わります。かしこまった相手には「〜をお祈りします」としましょう。

親しい相手へ

いつも○○なあなたに助けられています。

文例

いつも冷静で適切なアドバイスをくれるあなたに、どれだけ助けられていることでしょう。

解説

誕生日のお祝いとともに、日頃の感謝や相手の長所をほめる言葉をつけ加えると、より喜び深い記念日となるはず。なるべく具体的な言葉を使うと、真実味が増します。

●年上の相手へ

いつも○○なお姿に、もう○歳だなんて〜

・文例・

いつもフットワーク軽く行動されている元気なお姿に、もう還暦だなんて思いも及びませんでした。

・解説・ 毎年年齢を書く必要はありませんが、還暦、古希などの節目や区切りの歳を迎える場合に使うといいでしょう。必ず相手の若さを称える言葉とともに。

●パートナーへ

これからも一緒に〜

・文例・

今年も誕生日をお祝いすることができてうれしいです。これからも一緒に歳を重ねていこうね。

・解説・ 「一緒に」というひと言で、自分が相手を大切に思う気持ち、ともに過ごしている時間をうれしく思っている気持ちが伝わります。親子や大切な友だちにも使える言葉です。

●贈り物に添える場合

お気に入りの○○を贈ります。

・文例・

いつかうちに来てくださったとき、お気に入りのご様子だったグラスと同じものを贈ります。

・解説・ 贈り物は、相手の好みや嗜好に合ったものを。「○○がお好きだから」などという言葉を添えると、「私のことをちゃんとわかってくれている」とさらに喜ばれます。

栄転・昇進のお祝いに添える言葉

栄転も昇進も「今までより高い地位や役職に就くこと」を表しますが、栄転は「転任」の尊敬語として使われることもあります。お祝いは正式な発表を受けた後、一～二週間以内を目安に送りましょう。

相手を選ばずに使える言葉①

○○にご栄転(ご昇進)、誠におめでたく～

文例

このたびは本社営業部部長にご栄転とのこと、誠におめでたく、心よりお祝い申し上げます。

解説

まずは栄転・昇進に対するお祝いの言葉を。その後にこれまでの厚誼や指導のお礼、相手の能力を称賛する言葉を続け、最後に今後の活躍を祈る言葉で結びます。

相手を選ばずに使える言葉②

これまでの高い実績の賜物と～

文例

今回のご昇進につきましては、○○様のこれまでの高い実績の賜物と存じます。

解説

相手をほめ称える言葉を忘れずに。「長きにわたる努力の結果」「日頃のご精励」「情熱あってこそ」「人徳のなせるところ」など、相手に合った言葉を選びましょう。

●取引先・目上の相手へ①

聞くところによりますと、○○にご昇進～

・文例・

聞くところによりますと、販売推進部長にご昇進されたとのこと。誠に喜ばしく存じます。

・解説・ 本人から直接聞いた話ではない場合、「聞くところによりますと」と入れるとスマートな印象に。ほか「～との吉報を受け」「承りますれば」などの言い回しもできます。

●取引先・目上の相手へ②

新天地に赴かれましても～

・文例・

新天地に赴かれましても、ますますのご活躍をお祈り申し上げます。

・解説・ 新天地とは「新しい活躍の場所」を表す言葉。昇進にも栄転にも使えます。ちなみに、ビジネスでお祝いの贈り物をする場合は、胡蝶蘭の鉢植えが最適とされています。

●親しい相手へ

今までの努力を知っているだけに～

・文例・

昇進おめでとう！　あなたの今までの努力を知っているだけに、わが事のようにうれしく思います。

・解説・ 親しい相手に対しては、お祝いの言葉も相手を称える言葉も、素直な表現でかまいません。ただし、ねたみやひがみ、嫌味にも受け取れるような言い回しには注意しましょう。

開店・開業のお祝いに添える言葉

開店や開業は、努力を重ねた末の夢の実現。苦労をいたわり、成功を祈る言葉を盛り込んで。お祝いは開店や開業の前日までに。披露パーティがあり欠席する場合もその前日までに届くようにします。

相手を選ばずに使える言葉①

いよいよ開店(開業)なさるとのこと〜

文例

いよいよ本日、株式会社○○を開業なさるとのこと、誠におめでとうございます。

解説

「いよいよ」という表現を使うことで、その日をともに待ちわびていた様子が伝わります。ほかに「念願の」「晴れて」「長年の夢が叶い」などの言い回しもできます。

相手を選ばずに使える言葉②

ここに至るまでのご苦労は〜

文例

開店までのご苦労は、並々ならぬものがあったであろうと推察いたします。

解説

独立までの苦労や努力は、計り知れないものであったはず。その情熱や行動力を存分に称えます。「推察」のほか、「感心するばかり」「敬服しております」などの表現も。

●相手を選ばずに使える言葉③

末永い繁栄をお祈りいたします。

文例 お忙しい折、くれぐれもご自愛ください。心より御社の末永いご繁栄をお祈りいたします。

解説 長きにわたる商売繁盛への祈りは、何よりのお祝いの言葉になります。相手の体調を気遣う言葉とともに添えましょう。親しい相手へは「末永く繁栄しますように」としても。

●親しい相手へ

ぜひ伺わせてください。

文例 近いうちに、仲間たちとぜひ伺わせてください。

解説 苦労して立ち上げた会社・店を見てもらえるのはうれしいもの。出向く際は、お祝いの品も忘れずに持っていきましょう。開店の手紙の場合は、客として利用したい旨を伝えます。

Column

相手の努力を称え、今後の発展を祈念

開店・開業だけでなく栄転・昇進のお祝いの手紙も、構成は基本的に同じ。〈①**お祝いの言葉**→②**相手の努力を称える言葉**→③**体を気遣う言葉と今後の発展を祈念する言葉**〉という流れで書き進めましょう。ビジネスの相手には前文（時候のあいさつなど）から書き始めるのがマナーですが、親しい相手の場合はお祝いの言葉をまず述べるほうが、気持ちが伝わります。なお、倒産や経営の不安を与えるような忌み言葉は禁物です。

●例 枯れる　寂れる　倒れる　飛ぶ　傾く　潰れる　崩れる　壊れる　哀れ　ほか

定年退職のお祝いに添える言葉

長年の苦労や功績を称え、人生の再出発を祝う前向きな内容にします。お祝いは職場の相手や遠方の相手なら退職日の二〜三日前に、一緒に暮らす家族なら退職当日に渡しましょう。

相手を選ばずに使える言葉

第二の人生のスタート〜

文例

第二の人生のスタートを、心よりお慶び申し上げます。

解説

「定年退職」は新たな人生の始まり」との意味をこめた、ポジティブな表現です。次に続くフレーズと併せて使うと、明るい未来への希望といたわる気持ちの両方が表現できます。

身内、社内の相手へ

長年のご勤務、お疲れ様でした。

文例

いよいよ定年退職ですね。
長年のご勤務、誠にお疲れ様でした。

解説

相手を思いやる気持ちが伝わるフレーズです。ただし、「お疲れ様」は取引先の相手に使うと違和感を覚える方もいるため、身内や社内の相手へ使うとよいでしょう。

一緒に仕事をしていた相手へ

○○さんのおかげで〜

文例

○○さんのおかげで、学校を出たばかりだった私も会計士として大きく成長できました。

解説

「あなたのおかげで、今の自分がある」という感謝の気持ちを伝えます。具体的なエピソードを盛り込むことで文章が生き生きし、相手の心にも染みる手紙になるはずです。

親しい相手へ

これからは〜を存分に楽しんでください。

文例

これからは、念願だった奥様とのふたり旅を存分に楽しんでください。

解説

「定年後の暮らしを明るく前向きに過ごしてほしい」という願いをこめた言葉です。相手の趣味や長年の夢・目標などを盛り込んで、人生の再出発を応援しましょう。

お酒を贈る場合

一緒に乾杯する気持ちで〜

文例

一緒に乾杯する気持ちで、名入れのお酒をお贈りいたします。

解説

お酒の好きな人には、名入れのお酒も記念になって喜ばれます。一緒にお祝いしているというニュアンスのひと言を添えると、お互いの絆を大切に思う気持ちが伝わります。

長寿のお祝いに添える言葉

長寿のお祝いの手紙は、誕生日前に届くように。人生の先輩への尊敬の念を表すとともに、健康を祝う言葉を必ず入れましょう。また、現役で働いている相手には年齢を強調しすぎる言い方は避けて。

オーソドックスに使える言葉

おめでたいお年を重ねられますよう～

・文例・
おめでたいお年を重ねられますよう、いつまでもお健やかにお過ごしください。

・解説・
年を重ねることがうれしくなるようなフレーズです。健康を祈る言葉は必ず入れましょう。ほかに、「ご自愛ください」「ご養生なさって」などの表現もあります。

還暦のお祝いの言葉

二周目の人生を踏み出された～

・文例・
還暦おめでとうございます。二周目の人生を踏み出され、これからもさらなるご活躍をお祈りしています。

・解説・
干支は六十年で一周することから、還暦は「人生の二周目」と表現されます。現代ではまだ若いとされる年齢ですので、「ますますのご活躍を」などの言葉も加えましょう。

●古希のお祝いの言葉

七十歳は壮年の範囲といわれておりますので～

文例

古希のお祝い申し上げます。七十歳は壮年の範囲といわれる昨今、今後もますますのご健勝をお祈り申し上げます。

解説

壮年とは、心身とも成熟した働き盛りの頃。「日頃のご活躍ぶりからは、とても古希をお迎えになるとは思えない」など、相手の若さに驚く表現に言い換えても。

●喜寿のお祝いの言葉

さらに傘寿、米寿へとお祝いを重ねられ～

文例

この先さらに傘寿、米寿へとお元気にお祝いを重ねられ、いつまでもご教示くださいますようお願い申し上げます。

解説

次の目標を示すことは、日々の生活の張り合いにもつながります。「これからも変わらずお元気で、私の道標でいらして」など、健康祈願と相手への尊敬を表す言い回しも。

Column

基本は「数え」。最近では満年齢でのお祝いも

長寿のお祝いは「賀寿」と呼ばれ、還暦（六十歳）、古希（七十歳）、喜寿（七十七歳）、傘寿（八十歳）、米寿（八十八歳）、卒寿（九十歳）、白寿（九十九歳）、紀寿（百歳）があります。数え年でのお祝いですが、最近では満年齢で祝うことも増えています。お祝いの手紙は〈①**長寿を祝う言葉**→②**相手の人柄・功労を称える言葉**→③**健康を祈願する言葉**〉の構成で。また、忌み言葉には注意してください。

●例 衰える　枯れる　朽ちる　倒れる　しなびる
病む　死　苦　折れる　曲がる　寝る　ほか

そのほかのお祝いに添える言葉

ここまでに挙げた人生の主なライフイベントのほかにも、折にふれて誰かをお祝いする機会はあるものです。いずれの場面でも、相手と一緒になって喜ぶ表現を心がけるようにしましょう。

退院・快気祝いの言葉①

～とのお知らせに、心から安堵いたしました。

文例

このたびはご病気も全快されたとのお知らせに、心から安堵いたしました。

解説

「おめでとうございます」より、あなたが心配していた様子が伝わる表現です。ほかに「大変うれしく存じます」「わが事のようにうれしく思います」などの言い方も。

退院・快気祝いの言葉②

ご無理をなさらないでください。

文例

○○様のことですからすぐにフル稼働したい気持ちでいっぱいでしょうが、どうぞご無理をなさらないでください。

解説

「摂生第一」「ご自愛専一にお過ごしください」「ご静養に専念なさって」など、今後の健康を願う気持ちは必須。ほかに、看病した家族をいたわる言葉も盛り込みましょう。

結婚記念日を祝う言葉①

ますますご円満で、喜ばしい限りです。

文例

おふたりには銀婚式をお迎えになるとのこと、ますますご円満で、喜ばしい限りでございます。

解説

結婚記念日の呼び名は年数ごとにありますが、代表的なのが二十五年目の銀婚式と、五十年目の金婚式。長きにわたるふたりの健康と円満さを称える言葉を選びましょう。

結婚記念日を祝う言葉②

いつまでも助け合い、仲睦まじいご夫婦で〜

文例

この先いつまでもお互いに助け合う、仲睦まじいご夫婦であってくださいね。

解説

手紙の最後には、今後も変わらないふたりの幸せを祈る言葉も添えて。「おふたりのご多幸をお祈りします」「いつまでも私たちの理想の夫婦でいてください」などの言い回しも。

新居祝いの言葉①

待望の新居が完成されたとのこと〜

文例

待望の新居が完成されたとのおたより、うれしく拝見しました。

解説

新居の購入や引っ越しの努力をいたわり、新たな生活を応援する内容にしましょう。お祝いの品を送る場合は、「火」を連想させるキャンドルやお香などは避けます。

新居祝いの言葉②

○○な環境と伺い、うらやましく存じます。

文例

目の前に海が広がる素敵な環境と伺い、うらやましく存じます。

解説

新居をまだ見ていない場合、環境や交通の便をポイントにしたり、住み心地を尋ねてもよいでしょう。訪問予定がある場合は、「お邪魔する日を楽しみにしています」とひと言を。

受賞祝いの言葉①

日頃の○○が報われ〜

文例

日頃の研鑽と情熱が報われたこと、心よりお慶び申し上げます。

解説

これまでの努力の実りを喜び、いたわる言葉とともに、今後のさらなる飛躍を祈る内容にしましょう。「意外」「まさか」「信じられない」などの表現はタブーです。

受賞祝いの言葉②

信じていました。

文例

受賞する日はそう遠くないだろうと信じていただけに、私も本当にうれしいです。

解説

親しい相手であれば、「さすが」「やっぱり」「当然」など、ともに受賞を喜ぶ気持ちを「あなたの才能・努力を信じていた」というニュアンスで伝えてもよいでしょう。

第五章

お礼の言葉

一般的なお礼の言葉

「ありがとう」は〝有り難し〟がルーツ。〝有ることが難い〟、つまりめったにないことへの感謝を表します。有り難い心遣い、厚意に対するお礼は「ありがとう」に加えて、多彩な表現を使い分けましょう。

●相手を選ばずに使える言葉

感謝の気持ちでいっぱいです。

文例

○○様には、いつも何かとお気にかけていただき、感謝の気持ちでいっぱいです。

解説

「ありがとう」だけでは言い尽くせないお礼は、「感謝」という言葉を添えて。丁寧ながら堅すぎず、ありがたい気持ちで心が満たされているのが伝わります。

●かしこまったお礼の言葉

深謝いたしております。

文例

このたびは、ニューヨーク出張の件に関しまして、格別のご配慮をいただき、深謝いたしております。

解説

「深謝」は、文字通り「深く感謝する」ことで、感謝よりも強いお礼の気持ちを表します。また、「深く謝罪する」という意味もあり、お礼だけでなく、お詫びの場合にも使えます。

強い感謝を表す言葉①

お礼の言葉もございません。

文例

○○様のおかげで、すべてスムーズに進行できました。なんと申し上げたらよいのか、お礼の言葉もございません。

解説

言葉では表せないほどの強い感謝を伝える表現。「お礼の言葉がないとは失礼」と誤解されることもあるようですが、前後の文で正しい意味がわかれば気持ちの大きさが伝わります。

強い感謝を表す言葉②

ありがたい限りです。

文例

いつも大変お引き立てをいただきまして、ありがたい限りです。

解説

「限り」は「極み、上限」のことです。単に「ありがとう」と言うより強いお礼を伝えたいときに使いましょう。「感謝の限り」などにも言い換えられます。

目上の相手からの厚意へのお礼

痛み入ります。

文例

私にはすぎたおほめの言葉を頂戴いたしまして、誠に痛み入ります。

解説

「痛み入る」は、相手からの親切、厚意に感じ入ること。深く感謝すると同時に、恐縮する気持ちも表します。ありがたくて心苦しさすら感じる気持ちを丁寧に表現しています。

贈り物のお礼に添える言葉

贈り物をいただいたら、なるべくその日のうち、遅くとも三日以内にお礼状を出しましょう。感謝を伝えると同時に、贈り物が確かに届いたことを報告する目的も。遅れて相手を不安にさせないのがマナーです。

●どんな贈り物にも使える言葉

お心尽くしのお品を頂戴いたしまして〜

・文例・

このたびは、お心尽くしのお品を頂戴いたしまして、本当にありがとうございます。

・解説・

「心づくし」とは「心を尽くす」ことで、真心、厚意がこもっている状態。また、「細やかなお心づくしを……」のように、親切や配慮などの行為そのものを表す場合もあります。

●お中元・お歳暮をいただいたお礼①

結構なご挨拶の品をご恵贈いただき〜

・文例・

結構なご挨拶の品をご恵贈いただき、厚くお礼申し上げます。さっそく皆で賞味させていただきました。

・解説・

単に「お中元の品」「お歳暮の品」などとしてもよいところですが、直接的な表現を避けて奥ゆかしい印象に。「恵贈」は、贈られたことを敬って表す言葉です。

お中元・お歳暮をいただいたお礼②（毎年いただく場合）

いつもながらのお心配り～

文例

素敵なお品をお送りいただき、ありがとうございます。
○○様のいつもながらのお心配り、感謝の念に堪えません。

解説

毎年贈っていただいていることを素直に喜び、お礼の気持ちを伝えましょう。「いつもながら」は「いつものまま」「いつも変わらぬ」の意味で、心待ちにする思いが伝わります。

お中元をいただいたお礼

とても涼やかなお菓子が届き～

文例

本日とても涼やかなお菓子が届き、大変喜んでおります。
ひととき暑さを忘れ、家族そろって舌鼓を打ちました。

解説

季節感あふれるいただきものには、その点を強調して喜びを伝えると、品物を選んだ相手もうれしく感じるはず。かしこまったなかにも、心の通ったお礼状になります。

お歳暮をいただいたお礼

心温まる年末のご挨拶をいただき～

文例

心温まる年末のご挨拶をいただき、誠にありがとうございます。
好みを覚えていてくださり、これほどうれしいことはありません。

解説

「年末の挨拶」は、お歳暮のこと。「ご丁重な」「素敵な」など、自分の気持ちに合う言葉を枕詞にし、いただいた品の何がうれしかったかを添えると文が生き生きします。

季節の品をいただいたお礼

秋の香りを堪能させていただきました。

文例

大好きな巨峰をお送りいただき、ありがとうございました。さわやかな秋の香りを大いに堪能させていただきました。

解説

旬の食べ物、地方の特産品などへのお礼は、普段は味わえないものをいただける素直な喜びを伝えます。「季節の香り」「本場の味わい」などの言葉を上手に使うとよいでしょう。

お土産をいただいたお礼

大自然の空気を感じて～

文例

思いがけないお土産をありがとうございます。サーモンを頬張るたび、カナダの大自然の清々しい空気を感じています。

解説

予期していなかった旅行のお土産は、格別にうれしいもの。その喜びとともに、自分もそこに行った気分になれる品物を送ってくれた、心遣いへの感謝を伝えましょう。

母の日の贈り物のお礼

贈り物をもらえるなんて、うれしい驚きです。

文例

こんな素敵な贈り物をもらえるなんて、うれしい驚きです。あなたが優しい心配りのできる大人に成長していたことも。

解説

わが子からの思いがけない贈り物。「うれしい驚き」の言葉には、心配りのできる大人に成長してくれたことこそ、親には何よりのプレゼントだという思いが込められています。

敬老の日の贈り物のお礼

気にしてくれる心馳《こころば》せに、心が温まりました。

文例

きれいな色のセーター、一番のお気に入りになりました。
私を気にしてくれるあなたの心馳せに、心が温まります。

解説

「心馳せ」は、心を向け気を配ること。贈り物はもちろん、何より自分のことを思ってくれている気持ちがありがたい。そんな素直な思いが十分に伝わります。

誕生日プレゼントのお礼

覚えていてくださるだけでも感激なのに〜

文例

誕生日を覚えていてくださるだけでも感激なのに、
こんな素敵なプレゼントまでいただき、涙が出そうです。

解説

誕生日を覚えていてくれた→プレゼントを贈ってくれた……二段階のサプライズは、うれしさも二倍。感動をいかに表せるかが、お礼の気持ちをうまく伝えるポイントです。

子どもへのプレゼントのお礼

いただいた○○に夢中で、片時も手放しません。

文例

息子は、お義母さんからいただいたぬいぐるみに夢中。
片時も手放さず、寝るときもいつも一緒です。

解説

お礼の言葉に添えて、贈り物の感想、子どもが受け取ってどんな反応をしたかなどを記します。気に入っている様子が伝われば、相手への何よりの感謝の言葉となります。

お祝いのお礼に添える言葉

お祝いに対するお礼状を早く出すのは、感謝の気持ちの証しです。祝福を受けて高揚した気分が持続しているうちに書くのがコツ。堅苦しく考えずに、どんなにうれしかったか具体的に伝えるようにしましょう。

結婚祝いをいただいたお礼①

過分なお祝いまで頂戴し〜

文例

ご多忙ななかを結婚式・披露宴にご出席いただき、また過分なお祝いまで頂戴し、心よりお礼申し上げます。

解説

「過分」は、分にすぎた扱いを受けること。「身にあまってありがたい」と謙遜しながら強い感謝の気持ちを表します。目上の方へ、きちんとお礼を伝えたいときに。

結婚祝いをいただいたお礼②

細やかなお心遣いに、夫婦ともども感激して〜

文例

素敵なお祝いをありがとうございました。

○○さんの細やかなお心遣いに、夫婦ともども感激しております。

解説

お祝いとして金品をいただいても、手紙の中では、祝ってくれた相手の気持ちへ重きを置いて感謝するのがマナー。「心遣い」を強調することで、上品で好印象になります。

出産祝いをいただいたお礼①

ありがたく頂戴いたします。

文例

お送りいただいたご丁重なお祝い、ありがたく頂戴いたします。
子どものための記念品など有効に使わせていただきます。

解説

「ありがたく頂戴する」は、相手の厚意に感謝しながらものをもらうこと。目上の方へのお礼状に使います。お祝い金をいただいたときは、どう使用するかの予定も加えましょう。

出産祝いをいただいたお礼②

うれしくて思わず顔がほころびました。

文例

このたびは素敵なお祝いをいただき、ありがとうございます。
あまりに可愛らしく、うれしくて思わず顔がほころびました。

解説

ただ「うれしい」と言うのでなく、どう喜んでいるのか情景が浮かんでくる表現。ほのぼのとした雰囲気に幸せがあふれていて、贈ったほうも満足感を得られます。

初節句のお祝いをいただいたお礼

お気遣いと成長を感じて、胸が熱くなりました。

文例

いただいたひな人形を笑顔で見つめる娘の姿に、
おふたりのお気遣いと娘の成長を感じて、胸が熱くなりました。

解説

祖父母など身内にとって、子どもの成長を伝えてもらうことが何よりのお礼です。幼いながらも贈り物を喜ぶ様子、気遣いへの感謝を素直に表す言葉がポイントです。

七五三のお祝いをいただいたお礼

成長の節目をお祝いしていただき～

文例

成長の節目を素敵な晴れ着でお祝いしていただき、娘にはこれ以上の幸せはありません。何度も袖に手を通しています。

解説

七五三、成人など成長の大事な区切りである「節目」のお祝いには、贈られた子どもの喜びを中心にお礼の気持ちを表します。写真を添えて、幸せ気分を届けるのもよいでしょう。

入学祝いをいただいたお礼

お心遣いと成長に、目頭が熱くなりました。

文例

いただいたランドセルを背負って登校する息子を見て、温かなお心遣いと子どもの成長に、目頭が熱くなりました。

解説

お祝いをいただいたこと、子どもの成長を一緒に見守ってくれたこと、両方に対するお礼の気持ちが届く言葉です。少しオーバーなくらいが、感動が伝わります。

卒業祝いをいただいたお礼

私へのエールだと思って、ずっと大切にします。

文例

卒業のお祝いにいただきました腕時計、おば様から私へのエールだと思って、ずっとずっと大切にします。

解説

「エール」は、スポーツなどで選手に送られる激励。贈り物にこめられた、贈り主の気持ちを汲んだ表現です。ものと気持ちの両方を大切にしてくれると伝わります。

成人祝いをいただいたお礼

いくらお礼を言っても足りないくらいです。

文例

いつも温かく見守っていただき、
いくらお礼を言っても足りないくらいです。

解説

「ありがとう」を何回伝えても足りない、と強い感謝の気持ちを示す表現です。成長を喜んでくれる身内の人には、かしこまらずに、素直なお礼の気持ちを伝えましょう。

就職祝いをいただいたお礼

いただいたご助言を肝に銘じて〜

文例

お心のこもったお祝いをありがとうございました。
いただいたご助言を肝に銘じて、社会人として頑張っていきます。

解説

「肝に銘ずる」は、深く心に刻んで忘れないこと。助言や教えをいただいたことに対する強い感謝の気持ちを伝えます。社会人として、今後いっそうの指導を願う言葉を添えても。

栄転・昇進祝いをいただいたお礼

転任にあたり、並々ならぬご配慮をいただき〜

文例

私の転任にあたり、並々ならぬご配慮をいただいたばかりか、
けっこうなお祝いの品を頂戴し、痛み入ります。

解説

祝う側が「栄転」と用いても、お礼する側は「転任」として謙虚に。「並々ならぬ」は「通り一遍ではない」意で、相手の厚意を大きくありがたく感じていることを伝えます。

定年退職祝いをいただいたお礼

新しい人生のスタートをお祝いくださり〜

文例

新しい人生のスタートをお祝いくださり、晴れやかな気持ちで第一歩を踏み出せそうです。

解説

定年退職がゴールではなく「新しい人生のスタート」と、前向きな姿勢を示します。お祝いと勤務中の力添えに対する感謝を述べ、今後の交流を願って締めくくりましょう。

長寿祝いをいただいたお礼

つつがなく過ごせたのも〜

文例

これまでつつがなく過ごせたのも、皆様のお支えがあってこそです。

解説

「つつがなく」の「つつが」は病気や災難を意味し、これらがない＝無事息災に過ごせたということ。お祝いの感想や支援へのお礼、今後への前向きな気持ちを語りましょう。

快気内祝いをいただいたお礼

お元気になられたことが、うれしゅうございます。

文例

素晴らしいお品を堪能いたしましたが、退院できるまでにお元気になられたことが、何よりもうれしゅうございます。

解説

相手の回復を喜ぶ気持ちを伝えるのが一番のお礼です。品物よりもそちらに重きを置くのがポイント。「うれしく」が音変化した「うれしゅう」は、上品な印象の感謝の言葉です。

●開店祝いをいただいたお礼

おかげ様をもちまして、望外のスタートを～

・文例・

開店にあたり、温かな激励とお祝いをありがとうございました。

おかげ様をもちまして、望外のスタートを切れました。

・解説・

「望外」は、望んでいた以上によいこと。お店が幸先のよい出発を切れたのも、ひとえに応援いただいたおかげだと伝えることで、引き続きのつき合いを願います。

●新居祝いをいただいたお礼

～したら、気持ちが華やぎました。

・文例・

いただいたフラワーアレンジ、さっそく窓辺に置いてみたら、お部屋だけでなく気持ちまで華やいできました。

・解説・

「いただいた品を飾って（使って）いると気持ちが明るくなる」と言われれば、うれしいもの。観葉植物やキッチングッズ、食器、タオルなどさまざまなものに応用できます。

●コンクール入賞のお祝いのお礼

丁重なるご祝辞とご芳志《ほうし》を賜りまして～

・文例・

○○文学賞受賞記念パーティーにご列席いただいたうえに、丁重なるご祝辞とご芳志を賜りまして、心より感謝申し上げます。

・解説・

「ご芳志」は「親切な心遣い」の意味で、金品のこと。「お金をいただいて」では露骨すぎるので、「ご芳志」「ご厚志《こうし》」など〝志〟を使って婉曲《えんきょく》に表現します。

お世話になったお礼に添える言葉

お世話になった内容はさまざまでも、丁寧に感謝の気持ちを伝えるという基本は同じ。相手との関係、相手の負担の度合いを考慮しながら、力添えがどれだけうれしかったかを自分の言葉で伝えましょう。

オーソドックスに使える言葉

～に際し、ひとかたならぬお世話をいただき～

文例

このたびの娘の婚儀に際しましては、お忙しいなか、ひとかたならぬお世話をいただきまして、ありがとうございました。

解説

「ひとかたならぬ」は「普通ではない」の意味で、相手の厚意、親切が自分にとっていかに大きかったかを伝えます。かしこまった印象で、丁寧なお礼状にふさわしい言葉です。

手間をおかけしたお礼①

お骨折りいただきまして～

文例

先日は、私たちの結婚式二次会の幹事としてお骨折りいただきまして、ありがとうございました。

解説

「骨折り」は、苦心して人の世話をすること。相手の労に対するいたわりとお礼の気持ちを強くにじませる表現なので、相手も報われた思いを感じられるでしょう。

手間をおかけしたお礼②

多大なるご尽力をいただきまして〜

・文例・
息子の就職にあたり、多大なるご尽力をいただきまして、心よりお礼申し上げます。

・解説・
「尽力」は「何かのために力を尽くす」こと。「手助け」の意味合いが強い言葉です。「お力添えのおかげで〜」などの言葉も添え、相手に助けられた旨を伝えましょう。

仲人をしていただいたお礼

ご媒酌の労を賜りまして〜

・文例・
婚礼に際し、ご媒酌の労を賜りまして厚くお礼申し上げます。おかげさまで、無事ふたりの新生活が始まりました。

・解説・
「労を賜る」は、尊敬を込めて「骨折りしてもらうこと」を表します。よく使うのが「媒酌の労」で、媒酌人を務めてもらったことへのいたわりと感謝の気持ちを伝えます。

披露宴の主賓へのお礼

身に余るご祝辞を頂戴いたしまして〜

・文例・
身に余るご祝辞を頂戴いたしまして、誠にありがとうございます。○○様のお言葉を励みに、ふたりで歩んでまいります。

・解説・
「身に余る」は、「過分な」と同じように、「自分にはもったいない」と恐縮しながら、感謝の気持ちを強める言葉。目上の方へ丁重なお礼を伝えるのに使います。

おれに添えて……喜びを伝える

ご親切が身にしみております。

・文例・

鞄を社までお届けいただき、大変助かりました。一時は途方に暮れましたが、今、○○様のご親切が身にしみております。

・解説・

「身にしみる」は、しみじみと心に強く感じることを指します。多大な親切を受けたときには、こちらの感謝の気持ちも大変大きなものだと表現しましょう。

演奏会招待のお礼に添えて……感動を伝える

時が経つのを忘れてしまいました。

・文例・

素晴らしい時間をありがとう。○○さんの美しいピアノの音色に聴き入って、時が経つのを忘れてしまいました。

・解説・

「時が経つのを忘れる」くらいうっとりし、心を奪われた……と最高のほめ言葉で感動したことを表現。その機会をくれた相手へ感謝の気持ちを伝えます。

お願いを快諾していただいたお礼

ふたつ返事でお引き受けいただき〜

・文例・

愛犬○○が大変お世話になりました。急なお願いでしたのに、ふたつ返事でお引き受けいただき助かりました。

・解説・

「ふたつ返事で」は、すぐに受け入れてくれたことを強調する言葉。お願いしているこちらの心苦しさを汲み取り、快く引き受けてくださった優しさに感謝します。

●相談に乗っていただいたお礼

親身なご助言をいただきまして〜

・文例・
先日は、突然相談を持ちかけて失礼いたしました。
親身なご助言をいただきまして、とても心が軽くなりました。

・解説・
「親身」は、家族のように優しく気遣うこと。手間、心配をかけたお詫びの気持ちも表しつつ、温かな気遣いによって相談事が好転したことへの感謝を伝えます。

●旅先でお世話になったお礼

素晴らしいご縁に感謝いたします。

・文例・
旅先で体調を崩した私への優しいお気遣い、本当に助かりました。この素晴らしいご縁に感謝いたします。

・解説・
「ご縁に感謝」は、相手に出会えたことに感謝すること。相手の行為はもちろん、素晴らしいお人柄の方に出会えた幸運に感謝して、強いお礼の気持ちを伝えます。

●退職する人へのお礼

何くれとなくお引き立ていただき〜

・文例・
何くれとなくお引き立ていただき、感謝申し上げます。
○○さんの教えを胸に、これから頑張っていきます。

・解説・
「何くれとなく」は「あれこれと」という意味。「引き立てる」は、特に目をかけることで、何かと親切に世話をしてくれた目上の方へ、恐縮しつつお礼を伝えます。

おもてなしのお礼に添える言葉

おもてなしは、相手の厚意の表れです。心遣いに対する感謝とともに、楽しく過ごした時間やごちそうの感想など、まだ余韻が残っているうちに書くのが、気持ちのこもったお礼状を出すコツです。

●おもてなし全般へのお礼

ご造作《ぞうさ》をおかけして～

・文例・
大変なご造作をおかけして恐縮いたします。おかげさまで、とても楽しく充実した時間を過ごすことができました。

・解説・
「造作をかける」は「手間や面倒をかける」こと。また「造作」には、「もてなし、ごちそう」などの意味も。当日だけでなく準備の時間も含めて感謝を伝えます。

●手料理でおもてなしを受けたお礼

お心尽くしのおもてなしに預かり～

・文例・
お心尽くしのおもてなしに預かり感謝いたしております。奥様の手料理をいただきながら楽しいお話、最高の一日でした。

・解説・
「○○に預かる」は「厚意、恩恵を受けること」。「お招き」「ごちそう」などにも使います。目上の方などへ、きちんとした丁寧なお礼状を出したいときに。

お宅を訪問したお礼

うれしくて、つい長居してしまいました。

文例

おふたりの人柄そのままの和やかな雰囲気がうれしくて、つい長居してしまいました。今さらながら反省しております。

解説

お酒が入ると特に、やりすぎてしまうことはよくあります。それも「楽しさのあまり」という気持ちが伝われば許されるもの。反省しつつ、時間を共有できたうれしさを伝えて。

レストランでおもてなしを受けたお礼

おいしいお食事にお招きいただき～

文例

おいしいお食事にお招きいただき、夢のようです。さすが食通の○○さん、ごちそうも雰囲気も最高でした。

解説

食事が口に合ったかなど、相手はとても気にしています。料理、店の雰囲気などの感想を簡潔に入れ、印象的なメニューを具体的に書き添えると、信憑性が増します。

旅先でおもてなしを受けたお礼

優しいお言葉に甘えて～

文例

魅力的な名所をご案内いただいたうえ、優しいお言葉に甘えて宿泊までさせていただき、忘れられない思い出になりました。

解説

ご厚意は相手の優しさあってこそ。その人柄にまで及ぶ感謝の気持ちを記します。現地で受けたおもてなしのおかげで、旅がどれだけ楽しかったかという喜びを伝えましょう。

お見舞いのお礼に添える言葉

お見舞いは、こちらを心配してくれる気持ちの表れです。そんな気遣いに対する感謝に加え、どれだけ勇気づけられたかを伝えます。落ち着いてからでよいので、安心してもらえるよう前向きな表現で。

●オーソドックスに使える言葉

励みになりました。

文例

先日は温かいお言葉をいただき、痛み入ります。少し気が滅入っていたところで、大変励みになりました。

解説

お見舞いは、言葉を送る側も気を遣うもの。その気持ちがうれしく、励まされたということを伝えましょう。相手に安心してもらうことが、何よりのお礼になります。

●病気見舞いのお礼①

おかげさまで、経過も順調です。

文例

お心のこもったお手紙とお見舞いをいただき、感謝の気持ちでいっぱいです。おかげさまで、術後の経過も順調です。

解説

忙しいなかのお見舞い、励ましの言葉……相手の気遣いが何よりうれしく、闘病にあたっての激励になったことを伝えて、前向きな気持ちを表します。

病気見舞いのお礼②

温かなお言葉が心にしみました。

・文例・

すぐに駆けつけてくださった○○様の、温かなお言葉が心にしみました。これを励みに、長い入院生活を乗り切ります。

・解説・

忙しいなか足を運んでくれた気持ち、励ましの言葉など、相手の気遣いが何よりうれしく、闘病にあたっての激励になったことを伝えて、お礼の前向きな気持ちを表します。

病気見舞いのお礼③（仕事関係の相手へ）

多大なご迷惑をおかけし、心苦しい限りです。

・文例・

急な入院で多大なご迷惑をおかけし、心苦しい限りです。一日も早く職場復帰できるよう前向きに治療に専念いたします。

・解説・

お見舞いに対するお礼に加えて、突然の病気のために職場の方へ心配、迷惑をかけていることへのお詫びを丁寧に。退院や職場復帰の見通しも、わかる範囲で伝えましょう。

災害見舞いのお礼

幸い家族全員が無事ですので、ご休心《きゅうしん》ください。

・文例・

ご丁寧なお見舞いをいただき、お礼の言葉もありません。幸い家族全員が無事ですので、ご休心ください。

・解説・

「休心」は、心が休まること。相手が安否を気にかけているときに「安心してください」という意味で使います。状況は現状のままに伝えますが、前向きな姿勢は忘れないように。

弔事《ちょうじ》のお礼に添える言葉

弔事に関するお礼状は形式を大切に。「涙で墨がにじんでしまった」ことを表す薄墨で書くのが本来です。句読点を使わず一文字分空けて書くのが正式ですが、読みやすさから句読点を使うこともあります。

●会葬のお礼①

ご会葬いただいたうえ　丁重なご芳志《ほうし》を賜り～

・文例・

亡き父の告別式に際し　ご会葬いただいたうえ
丁重なご芳志を賜り　誠にありがとうございました

・解説・

「芳志」は「親切な心遣い」の意味で、葬儀ではお香典のこと。「ご厚志《こうし》」ともいいます。ご会葬いただいた際には、「ご多忙中にもかかわらず」など添えて相手へ配慮を。

●会葬のお礼②

拝趨《はいすう》のうえ　ご挨拶申し上げるところ～

・文例・

本来なら　拝趨のうえ　お礼申し上げるところですが
略儀ながら書中をもちまして　心よりご挨拶申し上げます

・解説・

「拝趨」は、出向くことのへりくだった言い方。丁寧な改まった表現を使って、相手への誠意と感謝の気持ちを表します。「拝眉《はいび》（会うこと）」も使います。

●弔辞をいただいたお礼

お心のこもったご弔辞《ちょうじ》にご厚志まで賜り〜

・文例・

お心のこもったご弔辞ならびにご厚志まで賜り　深謝申し上げます
親友と慕っていました○○様にお言葉をいただき父も喜びます

・解説・　告別式の弔辞は、事前の準備や当日の緊張感もあり、負担は大きいもの。手紙には必ず謝辞を記します。相手に対する故人の思いを添えると、心に響く手紙になるでしょう。

●香典のお礼……香典返しに添えて

供養のおしるしに　心ばかりの品を〜

・文例・

供養のおしるしに　心ばかりの品をお送りいたしますので
ご受納くださいますようお願い申し上げます

・解説・　四十九日の忌明けには、香典返しに添えて、弔事を滞りなく終えられたことに感謝するお礼状を送ります。「しるし」は「気持ちを形にしたもの」の意味で、ここでは香典返しのこと。

●お悔やみのお礼

どれだけ励まされたことか

・文例・

お心のこもったお悔やみ状をありがとうございました
お手紙にどれだけ励まされたことか　胸にジンときました

・解説・　悲しみにうちひしがれているときに優しい言葉をかけてもらえるのはありがたいもの。相手も悩みながら言葉を選んでくれたはずです。気持ちが落ち着いた頃、謝辞を伝えて。

正しく美しい言葉遣いで手紙を

言いまわしや漢字は正しく

心をこめて書いた手紙でも、誤字や慣用句の誤用があると、読む側に妙な引っかかりを残し、気持ちがうまく伝わらないこともあります。ミスを謝罪するような手紙ならなおさらです。

自信のない漢字や送り仮名は調べ、慣用句もフレーズや意味の記憶違いがないか確認してから書きましょう。間違いやすい表現を紹介します。

×こんにちわ
→○こんにちは

「今日《こんにち》はいいお天気ですね」などのあいさつが短くなった言葉なので、「わ」ではなく「は」が正しい表記です。

×お体ご自愛ください
→○ご自愛ください

「自愛」は、「病気などしないよう自分の体を大切にする」という意味で、もともと「体」を含んだ語句。「お体ご自愛ください」は重複表現になってしまいます。

×五月晴れのさわやかな気候
→○五月晴れの清々しい気候

「さわやか」は俳句の世界では秋の季語です。一般的な手紙で神経質になる必要はありませんが、言葉に敏感な方や目上の方へ送る手紙には控えたほうがよいでしょう。春には「のどか」「うららか」、初夏には、「清々しい」「心地よい」などの表現が適切です。

×旧年中のご好意に感謝申し上げます
→○旧年中のご厚意に感謝申し上げます

「好意」は「相手を好ましいと思う気持ち」、「厚意」は「親切な気持ち」という意味。一般的な思いやりや気遣いにお礼を伝えたい場合は「厚意」を使いましょう。「好意」と書くと、「好きでいてくれてありがとう」と、うぬぼれた表現になってしまいます。

×今後も先生からご交誼《こうぎ》（ご好誼《こうぎ》）を賜り
→○今後も先生からご厚誼《こうぎ》（ご高誼《こうぎ》）を賜り

「交誼」は「友人としての親しい付き合い」、「好誼」は「相手が自分に寄せる好意」の意味で、目上の方へ使うと失礼にあたります。目上の方へは、「厚誼」＝「情に厚い交際」または「高誼」＝「相手の自分に対する深い思いやり」を使うとよいでしょう。

第六章

気遣いの言葉

励ましの言葉

親しい人が落胆しているときや元気がないときは、思いやりのある言葉で力づけたいですね。言い方を間違えるとかえって逆効果になりかねないので、相手の気持ちや立場を思いやって書きましょう。

●落ち込んでいる人へ

気を強く持ってください。

文例

どうか気を強く持ってくださいね。いつも誠実な○○さんですから、きっとよいことがありますよ。

解説

「気を強く持つ」は「辛いことにもくじけず堂々とする、気丈にする」という意味。心が折れそうになっている人に、「負けないで」とエールを送る言葉です。

●自信をなくしている人へ①

皆、○○さんのことを応援しています。

文例

お仕事のことで辛い思いをされたようですね。ひとりだと思わないで。皆、○○さんのことを応援しています。

解説

自信をなくしているときは孤独感が強まり、「どうして自分はダメなんだ」と、どんどん暗い気分になりがち。「ひとりじゃない」と思えることが大きな力になります。

●自信をなくしている人へ②

自分を信じて。大丈夫だから。

・文例・
人生、嫌になるくらいうまくいかないときもあります。そんなときは、自分を信じて。きっと大丈夫だから。

・解説・
不安なとき、落ち込んでいるときの「大丈夫」の言葉ほど心強いものはありません。信頼し合っている関係だからこそ「自分を信じて」の言葉も、相手に響きます。

●辛い経験をした人へ

ご無理なさいませんように。

・文例・
何と言葉をおかけしたらよいのかわかりませんが、どうかご無理なさいませんように。

・解説・
リストラ、事業の失敗、別離などショッキングな経験で落胆している人には、まず健康を気遣ってあげましょう。やさしい心遣いが、少しずつ暗い気持ちをほぐしていきます。

●大事な仕事を前にした人へ

力を存分に発揮できますように。

・文例・
大事なプロジェクトを前に、かたくなっていませんか。大変だと思いますが、あなたの力を存分に発揮できますように。

・解説・
「うまくいくように」などと結果を期待するのでなく、相手が力を発揮できるよう祈ることで、プレッシャーを軽減。弱気になっている相手にやる気を起こさせます。

負けられない勝負を控えた人へ

○○さんらしく頑張ってください。

文例

いよいよ本番ですね。きっと緊張されているのではないかしら。
○○さんらしく頑張ってください。

解説

不安や緊張でいっぱいの人には「気負わずに普通にやればいい」と思わせ、気持ちを楽にして事に臨ませてあげましょう。「いつも通り」という言葉も効果的です。

勇気を奮ってもらう言葉

悔いのないように頑張りましょう。

文例

もうすぐ試験で、きっと落ち着かないと思いますが、悔いのないように頑張りましょう。陰ながら応援しています。

解説

「頑張って」というより、ともに頑張るイメージに勇気が湧きます。他者との勝負ではなく、自分が後悔しないためにと、プレッシャーをかけない気遣いの激励です。

何をやってもうまくいかないと嘆く人へ

焦らずじっくり力を蓄えてください。

文例

今は苦しいでしょうが、挽回を急がなくても大丈夫。
焦らずじっくり力を蓄えてください。

解説

苦境のときは、早く抜け出さなくてはと自分を追い込みがち。焦るとかえって事態は悪化、さらに落ち込むはめになることも。息抜きをすすめてあげましょう。

失望して後ろ向きな人へ

まだまだこれから。

文例

終わってしまえばすべて過去。人生、まだまだこれから。よいことがいっぱい待っていますよ。

解説

辛いことが続くと、どうしてもその体験を引きずって、前向きになれないことも。少しでも幸せな未来を意識できるように、明るい言葉で励ましてあげましょう。

ほめて励ます言葉

尊敬しています。

文例

新たに会社を立ち上げる構想があるとか。皆も言っている通り、やっぱり○○さんはすごい！　尊敬しています。

解説

「尊敬する」「憧れる」「素敵です」など自尊心をくすぐるほめ言葉は、力強い励ましになります。伝え方次第で相手に自信がみなぎり、もう一度踏み出す力が湧いてきます。

丁寧な励ましの言葉

寧日《ねいじつ》を取り戻されることを願っています。

文例

一日も早く、あなたに早く笑顔が戻りますように。寧日を取り戻されることを、心から願っています。

解説

「寧日」は、「安らかな日」「平穏無事な日」のこと。今の苦悩を乗り越えれば明るい未来があると伝えましょう。「落ち着いたらおいしいものでも」と、楽しみを提供しても。

なぐさめ、いたわりの言葉

苦しみで心身が弱っている人には、優しくいやし、包み込むような言葉をかけましょう。痛みを分かち合いつつ大切に接しようとする気遣いが大切。相手に寄り添う姿勢が、何よりの支えになります。

●相手を選ばずに使える言葉

お察しします。

・文例・

ここまでの道のり、並大抵のご苦労ではなかっただろうとお察しします。

・解説・

「お察し」は「推し量って了解すること」の尊敬表現。心配や苦労、努力などを理解して共感を表し、そっと寄り添うことで心を軽くしてあげられるフレーズです。

●トラブルで落ち込む人へ

気に病むことはありません。

・文例・

ちょっとした誤解で、あなたが気に病むことはないですよ。○○さんも、何とも思っていないようですから。

・解説・

「気に病む」は「何かを心にかけて気をもむ」ことで、悩む様子を表します。「大したことじゃない」というニュアンスでなぐさめてあげると、相手の心が軽くなって効果的です。

●悩み苦しんでいる人へ

私でよければ、いつでも話を聞くから〜

・文例・

ずっと元気がないみたいだけれど、大丈夫？　私でよければ、いつでも話を聞くから、遠慮なく言ってね。

・解説・

悩んでいるときの最高の薬は、その苦しい状況や思いを吐き出してしまうこと。どんな言葉よりも、シンプルだけど出すぎず、相手への思いやりにあふれるなぐさめの言葉です。

●ミスをして立ち直れない人へ

運が悪かっただけ〜

・文例・

あれ以来、あなたがすっかり気落ちしていると、皆心配しています。今回は運が悪かっただけ、大丈夫だよ。

・解説・

「気落ち」は、がっかりして力を落とすこと。「あなたのせいじゃない」「たまたま起こってしまっただけ」と、自分を責めがちな相手の心を軽くする、なぐさめの言葉。

●周囲の目に悩む人へ

言いたい人には言わせておこう。

・文例・

口さがない噂に元気をなくしているみたいね。言いたい人には言わせておこうよ。私は、本当のあなたをわかっているから。

・解説・

自分をわかってくれる人の存在は、何より心強いもの。「私はあなたの味方」という思いをこめた言葉です。「口さがない」は「人の噂などを無責任、無遠慮にする様子」。

同じ境遇の人へ

相見互《あいみたが》い、気軽に声をかけ合いましょう。

文例

私も長く母の介護をしています。困ったときはお互い様。相見互い、気軽に声をかけ合いましょう。

解説

「相見互い」は「相見互い身」の略で、同じ境遇にある者同士が同情し助け合うこと。辛い境遇にある人は、話を聞いて共感してもらえるだけで、心が和らぐものです。

体を気遣ういたわりの言葉

お体おいといください。

文例

お仕事もようやく軌道にのってきたようですね。今後も無理なさらないよう、くれぐれもお体おいといください。

解説

「いとう」は、「大切にする」の丁寧な表現。苦労や心配などで大変な思いをしている人には、体を心配し気遣うひと言が、大きな力になります。「ご自愛ください」でも。

家族の病気などで辛い思いをする人へ

ご心労はいかばかりかと胸が痛みます。

文例

ご主人が緊急入院されたと伺いました。奥様やご家族のご心労はいかばかりかと胸が痛みます。

解説

「心労」は「心配、苦悩、精神的な疲労」のこと。それがどのくらいのものか想像するだけでこちらまでつらい、と相手に親身になって寄り添ういたわりのフレーズです。

苦労して疲れている人へ

気骨《きぼね》が折れたことでしょう。

・文例・

プロジェクト遂行、お疲れ様でした。個性派ぞろいのスタッフの調整もあり、さぞ気骨が折れたことでしょう。

・解説・

「気骨が折れる」は、細やかに気を遣って、神経が疲れること。気苦労で憔悴《しょうすい》している人に同情を示していたわる言葉です。「気骨《きこつ》のある」だと、信念を貫く強い心の意味。

努力が報われるいたわりの言葉

頭が下がります。

・文例・

今回も、本当に大変な案件でしたね。○○さんの働きには、本当に頭が下がります。

・解説・

「頭が下がる」は「敬服せずにいられない」の意味。ほめ言葉ですが、相手の自尊心をくすぐり満足させ、「頑張ってよかった」と思わせる響きがあります。

事故に遭った人へ

とんだ災難でしたね。

・文例・

とんだ災難に見舞われて、大変でしたね。お大事になさってください。

・解説・

「とんだ災難」の「とんだ」といえば「思いがけない、意外で大変な、とんでもない」などの意味。突然のことに驚いたであろう相手に共感し、心配するひとことを添えます。

ねぎらいの言葉

相手の労苦を思いやるのがねぎらいです。「お疲れ様」が基本ですが、相手や状況により、同情や感謝の気持ちをこめた表現を。心に響くねぎらいの言葉は、相手の疲れを軽減し、達成感を与えます。

頑張った人なら誰にでも

お疲れになりましたでしょう。

文例 先日のイベントでは、本当にお疲れになりましたでしょう。どうかゆっくりお休みください。

解説 単に「お疲れ様でした」と書くより、「疲れたでしょう」と尋ねることで、相手に共感して気遣う気持ちが伝わりやすくなります。「ゆっくり……」を加えて、ねぎらい度アップ。

力を大いに発揮した人へ

○○さんがいてくれて、助かりました。

文例 お疲れ様でした。○○さんがいてくれて、大変助かりました。ありがとうございました。

解説 相手の働きに感謝することで、相手は「やってよかった」と達成感、満足感を覚えます。モチベーションも上げるいたわりの言葉。「心強かった」「うまくいった」なども。

●仕事で頑張った部下へ

期待以上の成果でした。

・文例・ 本当によく頑張ってくれたね。○○さんのおかげで、期待以上の成果を上げられました。

・解説・ 予想をはるかに上回る結果を出せたのは相手のおかげと、感謝と称賛の気持ちをこめたねぎらいです。受けたほうも疲れなど吹き飛んで、次の頑張りにつながるでしょう。

●定年退職を迎えた人へ

長年の功労に感謝申し上げます。

・文例・ この日を無事に迎えられて、おめでとうございます。○○さんの長年の功労に、心より感謝申し上げます。

・解説・ 「功労」は一語で「手柄」と「苦労」の両方を含み、定年まで無事に勤め上げたことを称えるのにふさわしい言葉です。尊敬と感謝の気持ちをこめて伝えましょう。

●退院した人へ

無理は禁物。ゆっくり静養してください。

・文例・ 入院生活、何かと大変だったことでしょうね。退院しても無理は禁物。ゆっくり静養してください。

・解説・ 退院後は、早く普段通りの生活を取り戻そうと、つい仕事に家事に無理をしてしまう人も。焦りぎみの相手を強い言葉で気遣いながら、優しく力づける表現です。

お見舞いの言葉

病人や、事故、災害に遭った相手の安否を気遣い、なぐさめるお見舞いは、相手の状況や間柄によって、慎重に言葉を選びます。明るく書きますが、余分なプレッシャーを与えないようにしましょう。

快方に向かっている人へ

ゆっくりご養生《ようじょう》に専念されますよう〜

文例

術後の経過も順調と聞いて、安心しました。ゆっくりご養生に専念されますようお祈り申し上げます。

解説

「養生」は、病気やけがの療養に努めること。早く療養生活を終わらせたいと気がはやる相手の気持ちを落ち着ける言葉です。「加養《かよう》」「摂養《せつよう》」とも言い換えられます。

病気と知らされた場合

病臥《びょうが》されていると伺い、心配しております。

文例

病臥されていると伺い、大変心配しております。一日も早いご快癒《かいゆ》をお祈りいたします。

解説

「病臥」は、病気で床につくこと。「快癒」は病気が治ることで、「平癒《へいゆ》」ともいいます。心配している気持ちを素直に伝え、病気の完治を願って力づけましょう。

● けがをした人へ

突然の事故の知らせに驚き入っております。

・文例・ ○○さんの突然の事故の知らせを聞き、驚き入っております。大事には至らなかったそうで、何よりです。

・解説・ 「驚き入る」は、ひどく驚くこと。驚きは大きかったものの、大事に至らずに安堵した、と相手の心の動きと同調するような言葉が、弱ったときにはありがたいものです。

● 災害で安否がわからない場合

ご無事を案じるばかりです。

・文例・ 今回の地震の被害の大きさを報道で知り、驚いています。ご家族の皆様のご無事を案じるばかりです。

・解説・ 「案じる」は、心にかけて心配すること。相手の被害がわからない場合も、まずは安否を尋ねることが第一。心配している気持ちを伝え、少しでも気を強く持ってもらいましょう。

● 災害で先の見通しが立っていない人へ

私どもでお役に立てることがあれば～

・文例・ さぞやお力落としのことと存じます。私どもでお役に立てることがあれば、なんなりとお申しつけください。

・解説・ 先がわからず途方に暮れ困っている相手には、「なんでも遠慮なく言って」と助力を申し出ます。多くの言葉を並べるより、こんな気遣いが心を安らげてくれるものです。

お悔やみの言葉

訃《ふ》報《ほう》を受けたにもかかわらず弔問に伺えないときに送るのが、お悔やみ状。故人を悼み、遺族をいたわる言葉をつづります。礼を重んじる内容のため、本来の日本語の形として句読点は使わないのが正式です。

一般的なお悔やみの言葉

ご逝去《せいきょ》の報に接し　心よりお悔やみ申し上げます

文例

○○様ご逝去の報に接し　心よりお悔やみ申し上げます
今はただ悲しみがこみ上げてくるばかりです

解説

「逝去」は、「死去」の尊敬語。「永眠」「他界」などの言葉も用います。「心よりお悔やみ申し上げます」は「謹んで哀悼《あいとう》の意を表します」と言い換えてもよいでしょう。

悲しむ遺族を案じる言葉

さぞやお力落としのことと存じますが〜

文例

ご遺族の皆様にはさぞやお力落としのことと存じますが
お悲しみのあまりお体を損ねませんように

解説

「力落とし」は、落胆して力が抜けること。「さぞや」は推量の「さぞ」を強め、力を落としているに違いないと強く思いやっています。体を気遣う言葉と一緒に。

遺族の悲しみに寄り添う言葉

ご傷心いかばかりかとお察しいたします

文例

ご家族の皆様のご傷心いかばかりかとお察しいたします
どうか一日も早くお心がいやされますようお祈り申し上げげます

解説

「いかばかりか」は「どれほどか」の意味で、程度が甚だしいことを推察し、思いやる言葉。「傷心」は、心を痛めることで、同様に「心痛」「心労」「悲しみ」なども使います。

急な訃報を受けた場合

ご急逝《きゅうせい》のお知らせに　ただ驚愕するばかりです

文例

お母様のご急逝のお知らせに　ただ驚愕するばかりでございます
○○さんの悲しみを思うと　胸がつぶれそうです

解説

「驚愕するばかり」は、ただ驚愕するしかなくて、ショックで愕然としている心境。誰よりも驚き、悲しむ遺族の気持ちを思いやり、強い共感、同情を表します。

Column

お悔やみ状では前文を省略して

お悔やみ状は、事情があって葬儀に参列できない場合に香典や供え物に添えてお出しします。連絡を受けてすぐにしたためるものなので、前文・末文は不要。すぐに主文に入りましょう。手紙の構成は次のように進めるとよいでしょう。〈①**訃報に接した驚き・悲しみ**→②**お悔やみ**→③**参列できないお詫びと香典を送る旨**〉

不幸が重ならないように封筒は一重のものにし、忌み言葉は避けるのがマナーです。

●例　いよいよ　たびたび　くれぐれも　返す返す
また　重ねて　追って　死亡　生存　など

ほめる言葉

「この人すごい」と感心した相手には、その気持ちを照れずに伝えましょう。ほめ言葉は人間関係の潤滑油。上手に使えば信頼関係がはぐくまれ、相手との距離をぐっと縮めることができます。

お願いごとをするときに

頼りにしています。

文例

○○さんがいてくれると安心です。本当に頼りにしています。

解説

お願いごとをするときなどに、相手への信頼感を表すこんな言葉を添えましょう。頼られることで相手のやる気がアップして、こちらの期待以上にうまくいく可能性大です。

ほめてねぎらう言葉

目のつけどころが違いますね。

文例

そこまでは、まるで考えが及びませんでした。さすがに、○○さんは目のつけどころが違いますね。

解説

着眼点が人とは違う「特別」感を強調し、相手の自尊心をくすぐります。「自分は考えが及ばなかった」と言えば、二重のほめ言葉に気をよくし、次も力を貸してくれるはず。

好感度アップのほめ言葉

玄人《くろうと》はだしですね。

文例

奥様のお料理の腕前は、玄人はだしですね。驚くほどおいしく、三ツ星レストランで食事する錯覚に陥りました。

解説

「玄人はだし」は、その道の専門家が慌てるほど優れていること。焦ってはだしで逃げ出したというのが語源。ごちそうになって喜び、感謝していることを伝えます。

人柄へのほめ言葉

○○さんのご人徳ですね。

文例

先日のパーティーには、大勢の方がお祝いに駆けつけられて、まさに○○さんのご人徳でございますね。

解説

「人徳」は、人に備わった徳のこと。友人や慕ってくる人が多いのは、相手に相応の人柄や魅力があるからだと伝えて、日頃から自分も信頼していることをにおわせます。

新居に招かれた場合

選ばれるものが違いますね。

文例

ご新居のインテリアも素晴らしく、やはり目が利く方は選ばれるものが違うのだなとほれぼれいたしました。

解説

相手のものをほめることは、その人の眼力をほめること。ものをほめられたのと同時に、審美眼をほめられ、目利きと評価されて……と、ほめられたうれしさも三倍に。

プライドをくすぐるほめ言葉

同じ女性(男性)として憧れています。

文例

○○さんの細やかなお心遣いには、いつも感謝しています。優しくて、センスもよくて、同じ女性として憧れています。

解説

同性の先輩をほめるときに添えると、相手への敬意が伝わる言葉です。ただほめられるだけでも悪い気はしないのに、「憧れ」とまで言われたら、さらに心に響きます。

知性へのほめ言葉

～に造詣《ぞうけい》が深いとは存じませんでした。

文例

○○さんがあれほど美術に造詣が深いとは存じませんでした。意外な一面をお持ちなので、驚きました。

解説

「造詣が深い」は、ある分野に精通している人をほめる言葉。多くの人が憧れる「趣味の広い、幅のある人」を示唆することで、相手を気持ちよくさせる言葉です。

話し上手な人へ

軽妙洒脱《けいみょうしゃだつ》なお話に引き込まれ～

文例

○○さんの軽妙洒脱なお話に引き込まれ、つい時間が経つのを忘れてしまいました。

解説

「軽妙洒脱」は、軽やかでさっぱりとして垢抜けしていること。人柄や会話などが洗練されている人をほめるときに使います。話し上手な人に使うと喜ばれるでしょう。

第七章

お詫びの言葉

お詫びの言葉

お詫びの手紙は、できるだけ早く出すこと。何か言われてから出しても、お詫びの気持ちは伝わりません。誠意を持って、謝罪と反省を記します。弁解がましいと、逆効果になることもあるので注意しましょう。

深いお詫びの言葉

お詫びの言葉もございません。

文例

私の失言で、○○様に非常に不快な思いをさせてしまい、お詫びの言葉もございません。

解説

お詫びの言葉が見つからないほど申し訳なく思っているという意味で、深い謝罪を伝えます。「今後このようなことのないよう」など反省のフレーズとともに使うとよいでしょう。

ミスを詫びる言葉

私の不手際から～

文例

このたびは、私の不手際から、○○様に大変なご迷惑をおかけいたしまして、申し訳ございませんでした。

解説

「不手際」は、手際が悪いこと。「私のミスで～」と述べるより、失態を重く受け止めている印象を与える言葉です。謝罪の言葉を後に続けて書き添えます。

丁寧なお詫び

幾重《いくえ》にもお詫び申し上げます。

文例

皆様には多大なるご迷惑をおかけし、猛省《もうせい》いたしております。誠に申し訳ございません。幾重にもお詫び申し上げます。

解説

「猛省」は、強く反省すること。「幾重にも」は何度も繰り返すという意味で、何度も謝らないと足りない自覚があるという、深い反省と謝罪の意を表します。

初歩的なミスを詫びる言葉

お恥ずかしい限りです。

文例

初歩的なミスをいたし、お恥ずかしい限りでございます。

解説

考えられないようなミスや勘違いをしてしまったときに。「限り」は、「上限、極み」のことで、恥ずかしさが極まっているという心境を理解してもらいやすいフレーズです。

潔く非を認めて詫びる言葉

申し開きできません。

文例

このような不始末を起こし、何の申し開きもできません。すべて私の責任と、深く反省しております。

解説

「申し開き」は、弁明のこと。それが「できない」ということで、自分の非を認めて深く反省する気持ちを表します。潔いお詫びで、誠意が伝わりやすい言葉です。

すべて自分の責任だと認めるお詫び

不徳のいたすところです。

文例

今回の不祥事は、すべて私の不徳のいたすところでございます。陳謝申し上げます。

解説

「不徳のいたすところ」は、自分の徳のなさが原因で好ましくない事態に陥ること。責任は自分にあるということを表明しています。謝罪のフレーズとともに使いましょう。

恥ずかしいほどの反省を伝えるお詫び①

慚愧《ざんき》に堪《た》えません。

文例

私の不注意からこのような事態を招いてしまい、慚愧に堪えません。心からお詫び申し上げます。

解説

「慚愧」は強く悔やみ恥ずかしく思うこと。「慚愧に堪えない」は恥ずかしい思いを抑えられないことで、やってしまったことを後悔し恥じ入っている気持ちを表します。

恥ずかしいほどの反省を伝えるお詫び②

面目次第《めんぼく》もありません。

文例

私どもを信頼してお任せいただきましたのに、このような結果になり、面目次第もございません。

解説

「面目」は、体面のこと。「面目ない」は恥ずかしくて人に合わせる顔がないことで、「次第」をつけて強調し、深く恥じ入っている様子を表す言葉です。

許しを請うて詫びる言葉①

平《ひら》にご容赦《ようしゃ》ください。

・文例・

今後このようなことがないよう、気を引き締めてまいります。平にご容赦くださいますようお願い申し上げます。

・解説・

「平に」は「何とぞ」の意味。「容赦」は許すこと。畳につくくらいに頭を下げて許しを請う様子をイメージさせるため、深い反省の気持ちが伝わります。

許しを請うて詫びる言葉②

ご寛恕《かんじょ》のほどお願い申し上げます。

・文例・

○○様には、さぞやお怒りのことと存じますが、何とぞご寛恕のほどお願い申し上げます。

・解説・

「寛恕」は、心が広く思いやりが深いこと。謝罪の文脈においては、過ちをとがめずに許してほしいと請う言葉として使えます。「宥恕《ゆうじょ》」と言い換えても。

美しい言葉で気持ちをひくお詫び

ゆくりなく〜

・文例・

ゆくりなく身内の不幸が重なり、そちらへお手伝いに伺えず大変失礼いたしました。

・解説・

「ゆくりなく」は「思いがけず、偶然に」の意味の文語表現。「思いがけず」より上品でやわらかな響きがあり、弁解がましさが軽減します。「はしなくも」も同様に使えます。

お断りの言葉

依頼などの断りは、相手の気持ちを考えると気が重いもの。でも、遅れるほど断りにくくなるので、早めに手紙を書きましょう。期待に添えないお詫びの気持ちを表しつつ、断りの意思表示は明確に。

丁寧に、きっぱりと断る場合

～いたしかねます。

文例

ご依頼のありました保証人の件、誠に申し訳ございませんが、お引き受けいたしかねます。

解説

「できません」の意味ですが、本意ではないというニュアンスを持たせた丁寧で便利な表現です。お詫びの言葉も添えて使えば、相手の心証を害することもないでしょう。

相手の気持ちを和らげる言葉

あいにくですが～

文例

日時変更の件、あいにくですがその週は予定が詰まっており、時間が取れそうもありません。

解説

「あいにく」は「具合が悪いことに」という意味。依頼に応えたいけれどできないというニュアンスをこめ、相手の不快感を和らげるクッションの役割をする言葉です。

申し訳なさを表す言葉

悪《あ》しからずご了承ください。

文例

ほかならぬ○○様からのお話をお断りするのはつらいのですが、悪しからずご了承いただけたら幸いです。

解説

「悪しからず」は「気を悪くしないで」の意味。相手の意には添えないけれど、良好な関係を保ちたい気持ちを表現できます。親しい相手ならそのまま「悪く思わないでね」でも。

相手の気分を損ねない言葉

心苦しいのですが〜

文例

大変心苦しいのですが、このたびの件につきましては、お断りせざるを得ません。何とぞご容赦ください。

解説

「心苦しい」は「相手に申し訳なく思っている」の意味で、相手の不快感を和らげる言葉。断りたくないのに「断らざるを得ない」と、二重に相手を気遣った断りのフレーズです。

お断りのクッション言葉

やまやまですが〜

文例

お力になりたいのはやまやまですが、こちらも家のローンの支払いなどで余裕がなく、ご期待に添いかねます。

解説

「やまやま」は、そうしたいと熱望するけれど、実際はできないという気持ちを表します。断りと一緒に使えば、申し訳ないという思いが伝わり、相手の失望感を和らげます。

詳細を伝えなくても納得される言葉

よんどころない事情により〜

文例 よんどころない事情により、どうしてもご要望に添うことができません。どうかご容赦ください。

解説 「よんどころない」は「やむを得ない」という意味。身内の不幸など、伝えるとかえって気を遣わせるようなときに用いると、相手も察してくれ、悪い印象も与えない表現です。

断りについて理解を求める言葉

事情をお察しいただき〜

文例 このような次第でございます。どうか事情をお察しいただき、ご了解くださいますようよろしくお願いいたします。

解説 断りの理由を述べたうえで、物腰やわらかく相手へ理解を求める表現です。より丁寧に「ご高察《こうさつ》いただき」「ご賢察《けんさつ》いただき」とすれば、相手への敬意も伝わります。

次につなげたい場合

これに懲りず〜

文例 今回はお伺いできず、心苦しさでいっぱいです。これに懲りずに、またお声をおかけください。

解説 お誘いや依頼など、本来なら受けたいところ、スケジュールなどの都合でやむを得ず断るときに使いたいフレーズ。「またの機会に」などと、次回以降に期待を残して。

辞退する言葉

誘いや提案、すすめなどを辞退するときは、謙虚さが大切。お詫びの気持ちをこめつつ、「自分にはもったいない、荷が重い」と謙遜しながら引きます。あいまいな表現は避けましょう。

● やんわりと辞退する言葉①

ご遠慮いたします。

・文例・
せっかくのお話なのですが、どうしても都合がつかず、ご遠慮いたします。

・解説・
「遠慮する」は、辞退すること。「言葉や行動を控えめにすること」という本来の意味の通り、控えめな印象の断りの言葉。やんわりと、でも、断りの意思を明確に伝えます。

● やんわりと辞退する言葉②

見送らせてください。

・文例・
先日のお話につきまして、いろいろと考えましたが、今回は見送らせてください。

・解説・
「見送る」は「そのままにする、さし控える」の意味。話を進めるのを控えるニュアンスで、やわらかく断ります。「今回は」と、次回の可能性を残せば、相手に不快感を与えません。

やむをえず辞退する言葉

～するのは、やぶさかではないのですが～

文例

お仕事をお受けするのは、やぶさかではないのですが、日程の調整が難しく、今回はお力になれそうもありません。

解説

「やぶさか」は、気が進まないこと。その否定の形なので「喜んでしたい」という意味。「喜んで受けたいけれどできない」と、相手の気分を害さないように断る表現です。

ビジネスシーンでも便利な辞退の言葉

不本意ではございますが～

文例

誠に不本意ではございますが、弊社の事情により、このたびのお話をお受けすることができません。

解説

「不本意」は、自分の「本当の気持ちに合っていない」ということ。「自分は断りたくないけれど、残念ながら断らざるを得ない」というニュアンスを伝えます。「不本意ながら」とも。

気遣いながら辞退する言葉

かえってご迷惑をおかけすることにも～

文例

ご依頼の件ですが、安請け合いをいたしますと、かえってご迷惑をおかけすることにもなりかねないと判断しました。

解説

引き受けておいて途中で投げ出したり、うまくいかなかったりするのは、断るよりも失礼になります。相手のことも考え、誠意を持って断ることが伝わるフレーズです。

●相手も受け入れやすい辞退の言葉

私では力不足で〜

・文例・
私では力不足で、皆様の足を引っ張ることになりそうですのでご辞退させていただきます。

・解説・
「自分の力が足りないため」という遠慮が見られ、相手も了解しやすくなります。混同されがちな「役不足」は、「自分の能力に役割が追いついていない」という逆の意味です。

●相手を不快にさせないクッション言葉

願ってもいない機会ですが〜

・文例・
願ってもいない機会ですが、私のような素人の出る幕ではないと思いますので、ご辞退申し上げます。

・解説・
「せっかくのチャンスなのに」と残念な思いを伝え、相手の気持ちを和らげます。「〜の出る幕ではない」は「〜がよけいなことをする場面ではない」という、謙遜をこめて。

●前向きに謙遜する言葉

荷が勝ちすぎるように存じます。

・文例・
先日お申し越しいただきました件でございますが、私のような経験の浅い者には荷が勝ちすぎるように存じます。

・解説・
「荷が勝つ」は「荷が重い、責任や負担が重すぎる」の意味。「荷が重い」というより、やや客観的でポジティブな印象があります。「申し越し」は手紙などで言ってよこすこと。

遠回しでもはっきりと辞退する言葉

ほかを当たっていただいたほうが〜

文例

私の身に余るお話でございますが、ほかを当たっていただいたほうがよろしいかと存じます。

解説

「適任者はほかにいる」と指摘し、自分には向かないと婉曲《えんきょく》的かつ明確に断るフレーズ。「身に余る」は「自分には過ぎた」という意味で、謙遜した姿勢で印象を和らげて。

厚意を辞退する言葉①

お気持ちだけ頂戴します。

文例

お心遣いはありがたいのですが、お受けするわけにはまいりません。お気持ちだけ頂戴しておきます。

解説

贈り物や援助など不要で、あまり気を遣ってほしくないことをやんわり伝えます。厚意には感謝しているという気持ちを表し、相手の心証を害さないようにする言葉です。

厚意を辞退する言葉②

お汲み取りください。

文例

今後、このようなお気遣いはなさいませんように。どうかお汲み取りください。

解説

「汲み取る」は、相手の事情を推し量って理解すること。「私は厚意を受け取るわけにはいかない、わかりますよね」とやわらかい言葉ながらきっぱりと断るフレーズです。

美しい言葉遣い

敬語の使い方

正しい敬語で美しい手紙に

手紙は形に残るものなので、相手にとって失礼のないよう、正しい敬語で書きたいものです。特に目上の方への手紙や改まった手紙では、言葉の誤用がないかどうかをよく確認しましょう。

敬語には尊敬語、謙譲語、丁寧語の三種類があり、敬語ならではの人や物の呼び方（敬称）があります。

	役割	使い方
尊敬語	相手の動作や状態を敬う	● **「お～になる」で挟む** 例　お聞きになる ● **「～れる・られる」をつける** 例　聞かれる ● **別の言葉で言い換える** 例　言う→おっしゃる ● **「お」「ご」をつける** 例　お話、ご機嫌
謙譲語	自分の動作や状態をへりくだり、間接的に相手に敬意を表す	● **「お～する・いたす・申す」で挟む** 例　お聞きする ● **別の言葉で言い換える** 例　言う→申す
丁寧語	丁寧な言葉遣いで相手に敬意を表す	● **「お」「ご」をつける** 例　お花、ご家族 ● **「～です」「～ます」「～でございます」を語尾につける** 例　その通りです お聞きします さようでございます

動作を表す敬語

動詞	尊敬語	謙譲語
言う	おっしゃる　仰せになる　言われる	申し上げる　申す
する	なさる　あそばす　される	いたす
いる	いらっしゃる　おいでになる	おる
行く	いらっしゃる　おいでになる　行かれる	伺う　参る　上がる
来る	いらっしゃる　みえる　お越しになる　おいでになる	参る
見る	ご覧になる	拝見する　見せていただく
聞く	お聞きになる　聞かれる	伺う　拝聴する　承る
思う	思われる　思し召す　お思いになる	存じる　存じ上げる
食べる	召し上がる　上がる	いただく　頂戴する
もらう	お納めになる　お受けになる	いただく　頂戴する　賜る　あずかる
受け取る	お受け取りになる　お納めになる　受け取られる	いただく　頂戴する　賜る
送る	お送りくださる　送られる	お送りする

人の呼び方

人	相手側（敬称）	自分側（謙称）
本人	あなた　あなた様　○○様　貴殿　貴下	私（わたし・わたくし）　小生《しょうせい》　手前
祖父	おじい様　ご祖父様　祖父君　ご隠居様	祖父　年寄　隠居
祖母	おばあ様　ご祖母様　祖母君　ご隠居様	祖母　年寄　隠居
両親	ご両親　ご両親様　おふた方　お父様お母様	両親　父母　老父母
父	お父様　お父上　父君	父　おやじ　家父　愚父《ぐふ》
夫の父	お父上　お舅《しゅうと》様　ご令舅《れいきゅう》　ご尊父《そんぷ》	父　舅　義父
妻の父	ご外父《がいふ》様　ご岳父《がくふ》様	外父　岳父　義父
母	お母様　お母上　母君　ご母堂《ぼどう》様	母　おふくろ　家母《かぼ》　愚母《ぐぼ》
夫の母	お母様　お姑《しゅうとめ》様　ご令姑《れいこ》	母　姑　義母
妻の母	ご外母《がいぼ》様　ご岳母《がくぼ》様	外母　岳母　義母
家族	ご家族　ご家族様　ご一同様　皆様　おうちの方	家族　うちの者　私ども　家中《かちゅう》　家内一同
夫	ご主人　ご主人様　旦那様　夫君　○○様	夫　主人　宅　あるじ　○○（名前）

妻	奥様　奥方様　令夫人《れいふじん》　ご内室《ないしつ》　○○様	妻　家内　女房　つれあい　愚妻《ぐさい》　○○(名前)
子ども	お子様　お子さん　○○様	子ども　うちの子　○○(名前)
息子	ご子息様　息子さん　ご令息《れいそく》　坊っちゃん	息子　せがれ　愚息《ぐそく》　長男(次男)
娘	お嬢様　お嬢さん　ご息女《そくじょ》　ご令嬢《れいじょう》	娘　拙女《せつじょ》　愚女《ぐじょ》　長女(次女)
孫	お孫様　ご愛孫《あいそん》　ご令孫《れいそん》	孫
兄	兄君　兄上様　お兄様　ご令兄《れいけい》様	兄　家兄　愚兄《ぐけい》
姉	姉君　姉上様　お姉様　ご令姉《れいし》様	姉　愚姉《ぐし》
弟	弟君　弟様　ご令弟《れいてい》	弟　愚弟《ぐてい》　小弟《しょうてい》　拙弟《せってい》
妹	妹君　妹様　ご令妹《れいまい》	妹　愚妹《ぐまい》　小妹《しょうまい》　拙妹《せつまい》
親族	ご親族　ご親戚　ご親類　ご一族　ご一門	親族　親族一同　親戚一同
先生	お師匠様　ご恩師様　ご尊師様　ご旧師	師　師匠　先生　恩師　尊師　旧師
友人	お友だち　ご友人　ご親友　ご学友　ご朋友《ほうゆう》　ご同窓	友　友人　親友　学友　旧友
上司	ご上司　ご上役　貴社長　貴部長	上司　社長　部長

相手につける敬称

相手	敬称	使い方
個人	様	老若男女問わず誰にでも
教師、医師、弁護士、政治家など	先生	普段から「先生」と呼ばれる職業の人へ
ビジネス上の目下の相手	殿	最近では使わないので「様」でよい
会社や部署などの団体	御中	「○○株式会社御中」「○○営業所御中」
団体に所属する人々	各位	「保護者各位」「○○会会員各位」

事物の呼び方

事物	相手側	自分側
手紙・はがき	お手紙　お便り　ご書状　ご書簡　おはがき	手紙　書状　書面　拙書《せっしょ》　寸書《すんしょ》(はがき含)
返信・返事	ご返信　ご返事　ご返答　ご回答	返信　返事　返答　回答
品物・贈り物	お品　結構なお品　佳品《かひん》　ご厚志　ご高配	粗品　寸志　おしるし　心ばかりの品
名前	お名前　ご芳名　ご尊名	名前

家	御宅　貴家　貴宅　貴邸　ご尊宅	宅　私宅　私家　拙宅《せったく》　小宅
住まい・住所	お住い　お宅　ご尊家《そんか》　御地《おんち》　そちら	拙宅　当方　当地　わが家　こちら
考え・意見	ご意見　ご高見　ご卓見　ご高説　ご意向	私見　私案　所見　愚考
気持ち	ご厚情　ご厚志《こうし》　ご芳志《ほうし》	寸志　薄志　微意
配慮	お心遣い　ご芳情　ご配慮　ご高配 お気持ち　ご厚志	心ばかり　気持ちばかり　寸志
手配	ご手配	手配
会社	貴社　御社　貴会社	当社　弊社　小社　わが社
店	貴店　貴商店　御商会	弊店　当店　拙店　小舗　当商会
学校	貴校　御校　貴学	本校　当校　本学　わが校
病院	貴院　貴医院	本院　当院　当医院　当病院
団体	貴会　貴協会	本会　当会　当協会
官公庁	貴省　貴庁　貴署	当省　当庁　当署
文書	貴信　貴書　ご書面　ご書状　お手紙	弊信　書面　書中

さくいん

太字は手紙のルールや言葉に関する情報、細字はひとこと文例です。

編集協力　オメガ社
デザイン・DTP　中務慈子
イラスト　寺島沙也香

参考図書
『日本美人の七十二候』（山下景子著、PHP研究所）

心が通じる　手紙の美しい言葉づかい
ひとこと文例集

編　者　池田書店編集部
発行者　池田士文
印刷所　株式会社光邦
製本所　株式会社光邦
発行所　株式会社池田書店
〒162-0851　東京都新宿区弁天町43番地
電話03-3267-6821(代)／振替00120-9-60072

落丁・乱丁はおとりかえいたします。

ISBN978-4-262-14590-7

1700010